汽车4S店活动策划一本通

刘 军 等编

化学工业出版社
·北京·

本书首先对汽车4S店相关的各种策划活动进行了分类汇总，使读者有一个概括性的认识，再一一详细阐述汽车4S店假日促销、车展活动、庆典活动、厂家活动、会员活动、售后活动、公益活动等的策划要点、方法和细节，并提供了大量的策划方案。书中所提供的大量实战范本可作为各级管理人员的手边工具，可以将其复制，再根据所在品牌汽车4S店的实际情况进行一些个性化的修改，运用到管理当中，从而提高汽车4S店策划活动的工作效率。

本书适合汽车4S店的工作和管理人员阅读参考。

图书在版编目（CIP）数据

汽车4S店活动策划一本通/刘军等编. —北京：化学工业出版社，2015.12（2020.2重印）
ISBN 978-7-122-25357-6

Ⅰ.①汽⋯ Ⅱ.①刘⋯ Ⅲ.①汽车-专业商店-经营管理 Ⅳ.①F717.5

中国版本图书馆CIP数据核字（2015）第240335号

责任编辑：辛　田　　　　　　　　　　文字编辑：冯国庆
责任校对：蒋　宇　　　　　　　　　　装帧设计：尹琳琳

出版发行：化学工业出版社（北京市东城区青年湖南街13号　邮政编码100011）
印　　装：三河市延风印装有限公司
787mm×1092mm　1/16　印张12　字数293千字　2020年2月北京第1版第6次印刷

购书咨询：010-64518888　　　　　　　售后服务：010-64518899
网　　址：http://www.cip.com.cn
凡购买本书，如有缺损质量问题，本社销售中心负责调换。

定　　价：48.00元　　　　　　　　　　　　　　　　　　版权所有　违者必究

前言
PREFACE

中国虽然已成为一个巨大的汽车消费市场，但是，汽车4S店的竞争也异常激烈。传统广告宣传形式已经进入成熟期，包括广告宣传费用越来越透明，价格折扣余地也越来越小，汽车4S店通过广告宣传动辄需要大笔广告费，与此相比，一次好的促销活动成本远远小于广告的费用，但又能够很快取得效果，同时更直接地接触到消费者，及时获得市场反馈。一个好的活动可以进行二次传播，所谓"二次传播"，就是一个活动发布出来之后，别的媒体纷纷转载，活动影响就可以被延时，增强持续性。

因此，汽车4S店应把目光从传统的广告宣传转到活动营销上，要有计划地开展营销活动，吸引新客户、留住老客户、赢得市场。

然而，一个好的活动若没有好的策划，也达不到营销目的。一份好的活动策划案，不仅可以提高市场占有率，而且可以提升企业的形象。如果是一份创意突出，而且具有良好执行性和可操作性的活动策划案，无论是对提升汽车4S店的知名度，还是汽车品牌的美誉度，都将起到积极的作用。

一个好的活动策划一定会注重受众的参与性及互动性，把汽车4S店所需要传达的目标信息传播得更准确、更详尽。通过活动的开展，可以最大限度地树立起企业品牌形象，从而使消费者不单单从产品中获得使用价值，更从中获得精神层面的满足与喜悦。

因此，对于汽车4S店而言，做好互动策划就相当重要了。

笔者从事营销策划工作，为许多品牌汽车4S店的各类活动进行过策划，积累了较丰富的经验。

本书首先对汽车4S店相关各种策划活动进行分类汇总，使读者有一个概括性的认识，再一一详细阐述汽车4S店假日促销、车展活动、庆典活动、厂家活动、会员活动、售后活动、公益活动等的策划要点、方法和细节，并提供了大量的策划方案。

希冀本书成为汽车4S店管理人员的行动指南。书中所提供的大量实战范本可作为各级管理人员的手边工具，也可以将其复制，再根据所在品牌汽车4S店的实际情况进行一些个性化的修改，运用到管理当中，从而提高汽车4S店策划活动的工作效率。

本书由刘军、王靖、刘明、刘涛、李敏、李高翔、钟华、钟运光、孙小平、张继军、江美华、周胜、李登华、李静、张艳红、王峰、杨雯、许华、宋健、李军编写，最后全书由滕宝红审核完成。同时，本书参阅了大量的文献资料。借出版之际，谨向相关人士表示衷心的感谢。

由于笔者水平有限，书中不足之处在所难免，希望广大读者批评指正。

编　者

目录 CONTENTS

第一章 汽车4S店活动策划知识 　　1

第一节 汽车4S店营销活动 　　2

活动001：活动营销的意义 　　2
活动002：闭店销售活动 　　2
　　活动案例　一汽大众××4S店闭店销售大型团购会 　　3
　　活动案例　9月22日××捷豹路虎4S店3小时闭店销售 　　4
　　活动案例　××4S店闭馆销售活动 　　5
活动003：试乘试驾活动 　　7
　　【范本】××汽车4S店试乘试驾线路活动方案 　　8
　　活动案例　东风本田××4S店迎新车试乘试驾 　　10
　　活动案例　吉利汽车××4S店预定试乘试驾全魅力开启 　　10
　　活动案例　2015新科帕奇品鉴会暨试驾会火热招募中 　　11
活动004：大客户营销活动 　　12
　　活动案例　福特××4S店，××人寿大客户专享团购会 　　12
　　活动案例　沃尔沃××4S店大客户购车专属礼遇 　　13
　　【范本】××汽车4S店大客户推介会方案 　　14
活动005：网络营销活动 　　15
　　活动案例　东风悦达起亚××4S店网上团购优惠活动开启啦 　　18
　　活动案例　凯迪拉克××4S店大型网络团购活动开始啦 　　18
　　活动案例　江淮汽车××4S店网络限时促销会 　　19
　　活动案例　发微博，赢××汽车 　　20
　　活动案例　猜中油奖，××全城特搜昂科威竞猜达人 　　20
　　活动案例　春暖花开"粗"来晒晒 　　21
活动006：微信营销活动 　　21
　　活动案例　上汽大众××4S店——微信关注有礼活动 　　25
　　活动案例　北京现代××4S店微信"集赞"有礼活动 　　25
　　活动案例　奥迪××4S店百万微信红包大派送 　　26
　　活动案例　××汽车4S店点赞，集50赢取情人节礼包 　　27
　　活动案例　奥迪××4S店双节（元宵节、情人节）微信 　　28

目 录
CONTENTS

  活动案例　"诺"曼蒂克闹元宵，微信刮刮卡中大奖　28
 活动007：其他活动　29
  活动案例　别克××4S店周末降价促销活动　29
  活动案例　璀璨女人节，××4S店女人节促销活动　30
  活动案例　长城汽车4S店夏季酷暑送清爽促销活动　31
  活动案例　北京××汽车4S店周末优惠活动开始啦　31
  活动案例　长安马自达××4S店——厂价团购会　32
  活动案例　烽火再起，决战卡罗拉——新卡罗拉之世界杯抢购会　32

第二节　汽车4S店活动要点　33

 要点001：明确活动的目的　33
 要点002：选择合适的活动主题　33
 要点003：明确产品受众人群　33
 要点004：挑选恰当的活动时间　34
 要点005：让活动具有吸引力　34
 要点006：送好活动礼品　35
 要点007：进行活动的宣传　36
 要点008：做好活动的预算　36
 要点009：总结活动的不足　36

第二章　汽车4S店假日促销活动策划　37

第一节　汽车4S店假日促销认知　38

 知识001：假日促销的价值　38
 知识002：假日促销的必要性　38
 知识003：365假日循环图　38
  活动案例　宝马××4S店国庆期间促销活动　38

目录 CONTENTS

  活动案例 一汽奔腾××4S店中秋大型促销全系特卖 39

第二节 汽车4S店的假日促销策划 40

策划001：市场调查分析 40
策划002：出台活动方案 41
策划003：掌握现场执行要点 42
  【范本】××汽车4S店年度节点营销活动方案 43
  【范本】××汽车4S店全年活动方案 44
  【范本】××汽车4S店春节活动方案 45
  【范本】××汽车4S店元宵节活动方案 47
  【范本】××汽车4S店三八妇女节活动方案 49
  【范本】××汽车4S店端午节活动方案 52
  【范本】××汽车4S店七夕相亲会活动方案 54
  【范本】××汽车4S店中秋节活动方案 56
  【范本】××汽车4S店重阳节活动方案 57
  【范本】××汽车4S店教师节活动方案 58
  【范本】××汽车4S店国庆节活动方案 61
  【范本】××汽车4S店圣诞节活动方案 62

第三章 汽车4S店车展活动策划 67

第一节 汽车4S店的车展活动认识 68

知识001：车展认知 68
  活动案例 ××汽车4S店5月1日进军××车展啦 68
  活动案例 北京现代××4S店车展促销活动开始了 69
  活动案例 超级越野风，你还hold住么？ 70
知识002：巡展认知 71

目录 CONTENTS

  活动案例　"奥游四海"广汽本田××4S店巡展活动　　72

  活动案例　会移动的4S店，东风风神小篷车巡展活动　　73

第二节　汽车4S店参展活动策划　　73

  策划001：选择合适的车展　　73

  策划002：阅读车展手册　　74

  策划003：制定车展营销策略　　74

  策划004：决定场地及展览需要　　75

  策划005：签订参展合作协议　　76

  策划006：宣传汽车4S店的展销　　76

  策划007：配备展销人员　　78

  策划008：召开展会前会议　　79

  策划009：制定展会流程　　79

  策划010：编制车展内部执行方案　　80

  【范本】××汽车4S店车展内部执行活动方案　　81

第三节　汽车4S店巡展活动策划　　83

  策划001：巡展目标策划　　83

  策划002：巡展时间拟订　　84

  策划003：巡展车型挑选　　84

  策划004：巡展路线制定　　84

  策划005：巡展场地选择　　84

  策划006：巡展人员培训　　85

  策划007：巡展物料准备　　85

  策划008：活动客户邀约　　86

  策划009：巡展信息发布　　86

  【范本】××汽车4S店广场车展活动方案　　86

  【范本】××汽车4S店小区巡展方案　　87

  【范本】××汽车4S店巡展方案　　89

目录 CONTENTS

第四章 汽车4S店会员活动策划　　93

第一节 汽车4S店的会员相关知识　　94

知识001：会员业务价值概述　　94

知识002：会员业务流程开展　　94

知识003：会员俱乐部管理　　97

知识004：会员常见服务项目　　97

知识005：会员入会升级　　98

知识006：会员积分计划　　99

【范本】××汽车4S店会员卡折扣优惠　　101

【范本】××汽车4S店积分政策　　101

【范本】××汽车4S店会员卡积分兑换项目　　102

第二节 汽车4S店会员活动策划　　102

策划001：常见会员活动　　102

活动案例　北京现代××4S店积分换礼活动开始啦　　103

活动案例　"景逸X5侠客行——壮美西南　自由征程"

活动车主招募　　104

活动案例　东风标致"蓝色关爱　清爽随行"活动开始了！　　105

运营002：车主自驾游活动策划　　105

【范本】××汽车4S店自驾游互动节目　　106

策划003：车主课堂培训活动策划　　109

【范本】××汽车4S店汽车自驾游活动方案　　109

【范本】××汽车4S店车友会活动方案　　111

【范本】××汽车4S店车友会——迎新年联谊会　　114

目录 CONTENTS

第五章　汽车4S店庆典活动策划　　117

第一节　汽车4S店庆典活动认识　　118

知识001：庆典活动认识　　118

知识002：庆典活动的作用　　118

知识003：庆典活动的种类　　118

知识004：庆典活动注意事项　　119

知识005：庆典活动组织程序　　119

第二节　汽车4S店开业庆典活动策划　　120

策划001：全程媒体推广　　120

策划002：参与人员规划　　122

策划003：相关人员邀请　　122

策划004：确定开业庆典的仪式流程　　125

　【范本】××汽车4S店开业庆典活动当日流程　　126

　【范本】××汽车4S店开业庆典活动流程　　126

策划005：开业庆典人员工作责任配置　　127

策划006：开业庆典活动费用预算　　127

策划007：现场危机预防管理　　128

　【范本】××汽车4S店开业庆典策划方案　　129

　【范本】××汽车4S店开业庆典方案　　130

　【范本】××汽车4S店开业活动方案　　132

第三节　周年庆典活动策划　　136

　【范本】××汽车4S店开业六周年庆典活动方案　　136

　【范本】××汽车4S店八周年庆典活动方案　　138

目录 CONTENTS

第六章 汽车4S店售后活动策划　　141

第一节 汽车4S店售后活动认识　　142
知识001：售后服务活动　　142
知识002：售后活动的重要性　　142

第二节 汽车4S店售后活动策划　　142
策划001：常见的售后活动　　142
　活动案例　宝马××4S店夏季售后促销活动　　143
　活动案例　东风日产××4S店售后春季关怀活动启动　　143
　活动案例　沃尔沃××4S店新年售后大酬宾活动　　144
　活动案例　××汽车4S店开展售后冬季关爱活动　　145
运营002：售后活动组织开展　　147
　【范本】××汽车4S店售后服务关爱活动宣传方案　　147
　【范本】冷COOL到底，关爱健康——雪佛兰××4S店售后统一活动方案　　148
　【范本】夏日炎炎，消暑纳凉——奇瑞××汽车4S店夏季关爱活动　　149

第七章 汽车4S店厂家活动策划　　153

第一节 汽车4S店厂家活动认识　　154
知识001：何为厂家活动　　154
知识002：汽车4S店与厂家活动关系　　154
　活动案例　4月11日举办第九代索纳塔新车上市会　　154
　活动案例　聚焦五一全民点赞——吉利GX7新车上市会　　155

目录 CONTENTS

第二节　新车上市推广活动策划　156

要点001：前期准备工作　156
要点002：预热期工作　157
要点003：上市前期相关工作　158
【范本】××汽车4S店"××××"杯活动策划案　161
【范本】××汽车4S店新车上市活动方案　164
【范本】××汽车4S店新车上市发布会　167

第八章　汽车4S店公益活动策划　169

第一节　汽车4S店公益活动认识　170

知识001：什么是公益活动　170
知识002：公益活动类型　170
知识003：公益活动的作用　171
活动案例　东风悦达起亚××4S店手拉手爱心公益活动　171
活动案例　一汽—大众××4S店——爱心送考　公益活动　172
活动案例　××4S店走进山区大型公益活动开始啦　172

第二节　公益活动策划　173

策划001：制定赞助政策　173
策划002：传播赞助信息　173
策划003：确定赞助对象　174
策划004：沟通赞助对象　174
策划005：实施赞助计划　174
策划006：进行效果评估　174
【范本】××汽车4S店车辆拍卖公益活动方案　175
【范本】××汽车4S店"捐资助学"公益活动方案　177
【范本】××汽车4S店爱心公益营销活动及车友近郊游玩
　　　　　执行方案　178

第一章
汽车4S店活动策划知识

- 第一节　汽车4S店营销活动
- 第二节　汽车4S店活动要点

第一节　汽车4S店营销活动

活动001：活动营销的意义

活动营销是围绕活动而展开的营销，以活动为载体，使企业获得品牌的提升或是销量的增长。

对于汽车4S店来说，活动营销有以下几个作用。

1.提升品牌的影响力

一个好的活动营销不仅能够吸引消费者的注意力，还能够传递出品牌的核心价值，进而提升品牌的影响力。那么，如何让品牌的核心价值为消费者所认同呢？关键就是要将品牌核心价值融入到活动营销的主题里面，让消费者接触活动营销时，自然而然地受到品牌核心价值的感染，并引起消费者的情感共鸣，进而提升品牌的影响力。

2.提升消费者的忠诚度

活动营销是专为消费者互动参与打造的活动，活动对消费者的参与引起大众的关注，产品和品牌形象可以深度影响消费者，从而能够提升消费者对品牌的美誉度，进而提升消费者的忠诚度。

3.吸引媒体的关注度

活动营销是近年来国内外十分流行的一种公关传播与市场推广手段，集新闻效应、广告效应、公共关系、形象传播、客户关系于一体，并为新产品推介、品牌展示创造机会，建立品牌识别和品牌定位，形成一种快速提升品牌知名度与美誉度的营销手段。现在，互联网的飞速发展更是给活动营销带来了巨大契机。通过网络，一个事件或者一个话题可以更轻松地进行传播和引起关注，成功的活动营销案例开始大量出现。

活动002：闭店销售活动

（一）什么是闭店销售

闭店销售指汽车4S店通过寻找、邀约有相同购车意向的客户或针对某个单位或者群体，给出较低的价格或优惠配套政策，做出的定制式专场服务的销售手段。

在规定时间内，4S店紧闭大门，停止接待普通消费者，为手持邀请函或贵宾卡的客户或会员提供专属服务，并享受特惠价格。

这种新兴的销售方式不但顺应了精英人群的消费需求，还体现了极为专业化的优质服务。

> **特别提示**
>
> 闭店销售可以根据客户的特点量身打造差异化的主题营销活动，同时精心设置配套服务，展现出自己的品牌实力和服务优势，向客户精准传递自己的品牌及服务价值，最终得到客户的认同。

活动案例 ▶▶▶

一汽大众××4S店闭店销售大型团购会

××××年××月××日一汽大众××4S店诚挚地邀请您,来店里参加闭店销售大型团购会活动。届时将为您提供销售洽谈、金融专案、二手车置换、试乘试驾等优质服务。

【活动主题】××4S闭店销售大型团购会。
【活动时间】××××年××月××日下午5点30分准时开团。
【活动地点】一汽大众××4S店。
【活动车型】迈腾、宝来、捷达。
【报名电话】

惊喜优惠:
活动期间购车既享超值优惠,惊爆触底价等您见证。
现场购车即可参加抽奖。
一等奖:便携式导航仪+前后行车记录仪。
二等奖:爱国者平板电脑。
三等奖:高级户外旅行水杯。
四等奖:高精度多功能室内电子温湿度计。
五等奖:高级保温杯。
六等奖:纸抽。
100%中奖。

强大的产品优势融汇超低的特惠价格,只在一汽大众××4S店。限时特惠,即刻领享,竭诚欢迎您的光临!

(摘自太平洋汽车网:http://www.pcauto.com.cn/)

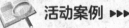

9月22日××捷豹路虎4S店3小时闭店销售

秋高气爽,金秋九月,××捷豹路虎汽车全城巨献乐享国庆,尊享奢华3小时限时闭店销售大型活动,即将拉开帷幕,敬请期待。

活动时间:9月22日 14:00~17:00。

活动主题:乐享国庆,尊享奢华——××捷豹路虎4S店3小时限时闭店销售。

活动咨询热线:略。

合作单位:奥登宝红酒(免费试饮),甲客汽车生活馆(提供200元免费洗车券),黄金之星××分公司(提供黄金购买代金券200元)。

9月22日活动内容如下。

14:00~14:20 客户签到,填写抽奖券个人信息。

1.××先生开场致欢迎词,并再次确认活动签到。

2.乐享国庆,为回馈新老客户,当日凡填写抽奖信息的客户,均有惊喜。

3.当日在活动2小时内购车的客户,除享受空前最低价位之外,购车前三名的车主,均有好礼,把握幸运,尊享路虎捷豹座驾。

4.当日凡参加活动的贵宾,均可获得我们为您准备的幸运抽奖环节,大礼等你拿。

5.机会难得,赏车洽谈,有冷餐和红酒供大家享用。同时,现场为大家准备了洗车券与黄金代金券。

6.当日活动价格空前低价,活动时间,截止今日17:00,逾期无法享受此价位与活动政策。

14:40~14:50 客户自由洽谈时间。

14:50~15:20 进入抽奖颁布时间,幸运大奖等你来拿。

16:40~16:50 公布未享受到前三名购车优惠的车主朋友,只要在17:00之前购车的客户,均有精美礼品。

(摘自爱卡汽车网:http://www.xcar.com.cn/)

活动案例 ▶▶▶

××4S店闭馆销售活动

活动时间：7月26日。

活动热线：××××××××。

活动地址：略。

【活动详情】

7月26日，凡是活动当日到店的客户，均可获得精美礼品一份；现场签单的客户，凭订车合同可参与100%中奖的幸运抽奖活动。奖项及奖品如下。

一等奖：1000元油卡一张（1名）。

二等奖：格兰仕光波炉一台，价值约800元（1名）。

幸运奖：500元工时抵扣卷一张（仅限20张）。

（摘自汽车之家网：http：//www.autohome.com.cn/）

（二）闭店销售活动关键点

闭店销售活动关键点，如下图所示。

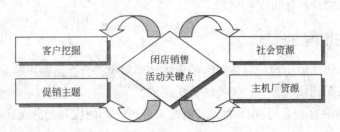

闭店销售活动关键点

1. 客户挖掘

潜在客户，当地企业、政府采购大用户，民航、银行等高级会员。

2. 促销主题

适合精准定位人群的车型、话术，滞销、促销车型优惠政策，配套服务（售后、维修、精品），老客户转介绍、老客户旧车置换，团购、限时限量购，定制式的专场服务，现场主持人活动主题介绍及气氛烘托。

3. 社会资源

与媒体合作，与银行、保险等行业合作，与当地大型商场联动，与当地政府相关部门合作。

4. 主机厂资源

特供车型、买断车型，市场费用支持，主机厂联合造势。

> **特别提示**
>
> 虽然"闭店"采取的是特定时间的封闭式销售，但实际上是一种对象更为精准的精细化营销手段。

（三）闭店销售基本步骤

1. 客户挖掘与邀约

① 根据各店促销目的，寻找合适的消费人群。

② 组织活动前期报名。活动前期报名可以采取4S店报名，也可在相关汽车网站本地站点发布信息，吸引相关人士参与。

③ 发放闭店销售邀请函。

2. 活动主题设计与实施

根据客户的特点量身打造针对性的主题营销活动，精心设置配套促销政策，提供专属服务，并享受特惠价格。

现场主持人、到店客户（同类人群）接待话术、主题切入、流程，体现出品牌实力和专业服务优势。

3. 活动后期跟进

① 发放邀请函给未到店客户。

② 活动中未成交但有需求客户。

③ 同类消费客户群体再次挖掘。

（四）闭店销售常见问题

① 选择合作伙伴要门当户对，闭店销售活动车型应符合受邀客户的身份和地位。

② 未获邀约而到场的客户，接待环节要注意。

③ 未获邀约的客户，可能产生"酸葡萄"心理，如何应对与防范需要考虑，媒体宣传时也要考虑。

④ 现场的服务落实必须考虑，不要为了讲排场、重气氛效果而让受邀客户遭冷落或人挤人的现象发生。

⑤ 客户邀约不能浮滥，不能有一网打尽的想法，那是不可能的事。

⑥ 来店礼、订车礼、试乘试驾礼等，礼物选择要用心、数量要充足，而且面面俱到，紧扣本次活动主题。

⑦ 现场接待人员的培训要落到实处，反复演练，要真实。

⑧ 门店高层领导穿梭在客户中，不宜仅关注少数VIP人士。

⑨ 从邀约、发函、电话追踪、现场布置、茶水点心供应、礼品质量、广告单印制、主持人及节目表演、氛围掌握、音效灯光控制、优惠配套、进退场机制、停车问题等都是要考虑的关键问题，环环相扣，不得疏忽。

⑩ 对未成交客户应该有追踪回访机制。

活动003：试乘试驾活动

汽车4S店要结合本店实际，举办试乘试驾活动，从而达到与新老客户交流，增加客流量，最终实现销售量增加目的。

（一）试乘试驾车准备

试乘试驾车投入使用前，各汽车4S店必须将确定的试乘试驾车辆严格按相关规定进行装备，办理上路手续，完成后将车辆的照片（前、正、后）和车牌号码反馈到总部备案。

① 试乘试驾车必须投保机动车全险。

② 试乘试驾车必须保证是最新款，且颜色具有代表性。

> **特别提示**
>
> 试乘试驾车是指总部要求汽车4S店必须配备的，经过特殊装饰，专用于客户试乘试驾感受汽车产品的车辆。汽车4S店应有效地利用试乘试驾车辆作为销售工具，以达到促进销售的作用。

（二）试乘试驾文件准备

在开展试乘试驾活动前，要准备好相关文件，如试乘试驾客户协议书、预约登记表、信息及意见反馈表等。

（三）试乘试驾线路规划

客户在汽车4S店进行试乘试驾活动时，所行驶的路线必须能体现出汽车性能特点和优势，这样的路线需要事先进行规划，这种规划工作即称为线路的设计。试乘试驾线路的参考要求如下。

① 长度8～12千米（线路可重复循环）；线路起点距汽车4S店距离最好不超过3千米。

② 路况良好，车流量较小，没有堵车的现象。

③ 至少有5千米的路段可以达到时速80千米的要求。

④ 车道为封闭式车道（路口除外）。

⑤ 应包括试乘试驾所需要的所有类型的路段，但并不一定要连续路段。

【范本】××汽车4S店试乘试驾线路活动方案

××汽车4S店试乘试驾线路活动方案

线路一：

线路编号	线路类型	线路长度	展示项目
S-01	试乘试驾起点	50米	安全带未系报警

展示前的说明：
无。

展示后的总结：
先生，您注意到××现在"滴滴"的报警声音了吗？还有仪表板亮起了一个红色报警灯，这个报警是提醒驾驶员系好安全带，如果驾驶员忘记系安全带，当时速超过××km后就会报警，这是一个非常贴心的安全设计
现在请大家都检查一下自己的安全带是否已经系好

驾驶/操作要点：
1.此项目必须在绝对安全的道路上进行，例如汽车4S店展厅的院内
2.试车员在车辆起步时故意不系安全带，也可以不提醒客户系安全带
3.当××安全带报警声音响起时，将车停下，向客户做展示后的总结

线路二：

线路编号	线路类型	线路长度	展示项目
S-02	直线快速道路	1000米	起步加速（1.6L AT）

展示前的说明：
接下来我要演示××的原地起步加速。在这个项目中，您可以体会到××1.6的起步加速能力，以及6速手自一体变速箱换挡的平顺程度

展示后的总结：
先生，这辆××虽然只有1.6L的排量，但刚才您是否感觉到它加速能力还是很强的，丝毫没有我们通常会担心的动力不足的问题
另外，您是否注意到，车辆的加速过程非常平稳，没有一般汽车换挡时的冲击感？这就是6速自动变速器才可以带来的感受，而且还要变速器和发动机动力特性非常匹配才行

驾驶/操作要点：
1.起步前观察前方，确保300米之内无车辆或行人，且无路口
2.加速时变速杆挡位置于"D"挡，油门全力踩到底，并注意利用油门的抬踩技巧控制车辆换挡
3.加速到80千米/小时时，即完成加速演示，此时将车辆恢复到60千米/小时左右的正常巡航速度，向客户做展示后的总结

线路三：

线路编号	线路类型	线路长度	展示项目
S-03	直线快速道路	1000米	起步加速（1.6L MT）

展示前的说明：
接下来我要演示××的原地起步加速。在这个项目中，您可以体会到××1.6的起步加速能力，以及5挡手动变速箱换挡的灵敏程度

展示后的总结：
先生，这辆××虽然只有1.6L的排量，但刚才您是否感觉到它加速能力还是很强的，丝毫没有我们通常会担心的动力不足的问题
另外，您是否注意到，车辆的加速过程非常平稳，没有一般汽车换挡时的冲击感？这是因为××的手动换挡行程很短，挡位十分清晰，非常方便驾驶员快速准确地换挡

驾驶/操作要点：
1.起步前观察前方，确保300米之内无车辆或行人，且无路口
2.加速时油门全力踩到底，换挡点保持在3000转/分钟以上，换挡动作必须十分迅速、准确
3.加速到80千米/小时时，即完成加速演示，此时将车辆恢复到60千米/小时左右的正常巡航速度

线路四：

线路编号	线路类型	线路长度	展示项目
S-04	直线快速道路	1000米	起步加速（2.0L AT）

展示前的说明：
接下来我要演示××的原地起步加速。在这个项目中，您可以体会到××2.0的起步加速能力，以及6速手自一体变速箱换挡的平顺程度

展示后的总结：
先生，刚才您是否感觉到××2.0的加速能力很强
另外，您是否注意到，车辆的加速过程非常平稳，没有一般汽车换挡时的冲击感？这就是6速自动变速器才可以带来的感受，而且还要变速器和发动机动力特性非常匹配才行

驾驶/操作要点：
1. 起步前观察前方，确保300米之内无车辆或行人，且无路口
2. 加速时变速杆挡位置于"D"挡，油门全力踩到底，并注意利用油门的抬踩技巧控制车辆换挡
3. 加速到80千米/小时时，即完成加速演示，此时将车辆恢复到60千米/小时左右的正常巡航速度，向客户做展示后的总结

线路五：

线路编号	线路类型	线路长度	展示项目
S-05	直线快速道路	1000米	起步加速（2.0L MT）

展示前的说明：
接下来我要演示××的原地起步加速。在这个项目中，您可以体会到××2.0的起步加速能力，以及5挡手动变速箱换挡的灵敏程度

展示后的总结：
先生，刚才您是否感觉到××2.0的加速能力很强
另外，您是否注意到，车辆的加速过程非常平稳，没有一般汽车换挡时的冲击感？这是因为××的手动换挡行程很短，挡位十分清晰，非常方便驾驶员快速准确地换挡

驾驶/操作要点：
1. 起步前观察前方，确保300米之内无车辆或行人，且无路口
2. 加速时油门全力踩到底，换挡点保持在3000转/分钟以上，换挡动作必须十分迅速、准确
3. 加速到80千米/小时时，即完成加速演示，此时将车辆恢复到60千米/小时左右的正常巡航速度

线路六：

线路编号	线路类型	线路长度	展示项目
S-06	直线快速道路	1000米	起步加速（1.8T AT）

展示前的说明：
接下来我要演示××的原地起步加速。在这个项目中，您可以体会到××1.8T的起步加速能力，以及6速手自一体变速箱换挡的平顺程度

展示后的总结：
先生，刚才您是否感觉到××1.8T的加速能力很强，带有非常明显的推背感？这就是涡轮增压发动机才能产生的效果
另外，您是否注意到，车辆的加速过程非常平稳，没有一般汽车换挡时的冲击感？这就是6速自动变速器才可以带来的感受，而且还要变速器和发动机动力特性非常匹配才行

驾驶/操作要点：
1. 起步前观察前方，确保300米之内无车辆或行人，且无路口
2. 加速时变速杆挡位置于"D"挡，油门全力踩到底，并注意利用油门的抬踩技巧控制车辆换挡
3. 加速到80千米/小时时，即完成加速演示，此时将车辆恢复到60千米/小时左右的正常巡航速度，向客户做展示后的总结

活动案例 ▶▶▶

东风本田××4S店迎新车试乘试驾

万众瞩目的新款CR-V即将在东风本田××4S店上市啦！5月1日下午2点活动正式开始，试乘试驾有礼品送，现场主持人与您一起嗨翻天！

为大家准备了超级给力的活动，让你看新车，观超级轿跑车的同时也能拿到超级给力的礼品！

各位车主、准车主和车友们看过来啦！另有福利哦！

活动时间：5月1日下午2点开始。

优惠不是天天有，精彩不容错过。您还在等什么呢？

（摘自汽车之家网：http://www.autohome.com.cn/）

 活动案例 ▶▶▶

吉利汽车××4S店预定试乘试驾全魅力开启

终于等到你，还好我没放弃。幸福来得好不容易，才会让人更加珍惜，终于等到你，幸好没有错过你！

吉利汽车倾情力献，年度品质新生代高级动感座驾吉利博瑞火爆预定正式开启啦！欢迎新老客户前来吉利××4S店试乘试驾。

亲们还在犹豫什么，火速奔过来吧！Come on小伙伴！

在最好的年纪遇到你

才算没有辜负自己

终于等到你……

（摘自太平洋汽车网：http：//www.pcauto.com.cn/）

活动案例 ▶▶▶

2015新科帕奇品鉴会暨试驾会火热招募中

当你一门心思筹划着购车时，是不是被网上各种华丽的广告模糊了视线？是否把爱车开回家后才发现一些不尽如人意的地方？怎么避免？购车时，重中之重的"试驾"环节你参与了吗？一场随心所欲驾驭美系SUV的试驾会你体验了吗？

2015年××月××日，"雪佛兰2015新科帕奇上市品鉴会暨试驾会"在××（地址）盛大举办，诚邀热爱SUV的您到来。届时我们将给您带来全方位的试驾体验，让您可以360度地感受2015款科帕奇车型的方方面面。

报名电话：××××××××或到店咨询。

试驾会主题：2015新科帕奇"装下一切"试驾会。

试驾会时间：2015年××月××日下午14：00。

试驾会地址：略。

活动内容：

1. 2015款新科帕奇上市品鉴会。
2. 深度的试驾体验环节。
3. 试驾会现场厂家领导亲临签售，订车专属优惠，更有额外礼品赠送。

报名条件：试驾客户均需驾龄在1年以上，试驾当天需携带驾照。

活动004：大客户营销活动

大客户营销活动就是针对大客户而开展的营销活动。

（一）大客户对象

（1）国家机构　如公检法、海关、税务、武警、部队、中央及地方党政机关、政府采购部门等。

（2）行业　如银行、电信、邮政、石油、水利、电力、航空、铁路、学校等大型企事业集团。

（二）大客户分类

汽车4S店可将大客户进行分类，具体见下表。

大客户的标准

序号	大客户分类	客户对象	批量/台
1	第一类	政府机关采购	≥3
2	第二类	企业（集团）、事业单位	≥5
3	第三类	出租、租赁、驾校等经营性单位	≥10
4	第四类	福、体彩及各种奖励用车辆的采购单位	≥10

当然，汽车4S店也可将大客户划分为四类，具体如下图所示。

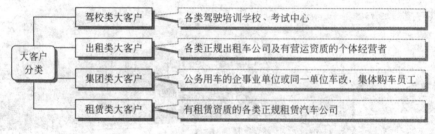

大客户分类

 活动案例 ▶▶▶

福特××4S店，××人寿大客户专享团购会

限购不定期越靠越近，购车容易，等牌不易，且行且珍惜！

福特××4S店开放厂家大客户支援政策，本周五到店专享××人寿大客户特价购车，轻松现购！

活动时间：×月××日。

营业时间：延长至晚上8点。

活动内容：

1.到店有礼！××人寿客户到店签到，扫描"福特××4S店"微信公众号可获赠价值188元轿车臭氧杀菌1次。

2. 独享万元订金礼品！活动现场订车客户，可享受交10000元定金送价值980元水晶封釉1次。

3. 特价团购送豪礼！总经理现场签售，厂家补贴团购价，全市最低！订车前8名赠送价值1980元的爱车美容套餐（全年全车漆面护理4次，全车臭氧杀菌4次）。

4. 特价车型限时秒杀！现场将推出两款秒杀车型。晚上18：30公布秒杀价，最先下订单购车的客户，秒杀成功！

5. 零利率按揭轻松购！经典福克斯以及新福克斯手动挡全系车型，专享0利率按揭购车。

6. 翼虎专享大礼包！活动现场订翼虎，还可获得户外大礼包一份。

7. 精品礼包特价购！活动现场还将推出丰富的精品礼包，让爱车武装到牙齿。超低打包价，价值远超价格！

砸金蛋赢大奖！现场订车成功的客户，即可参与砸金蛋活动，百分之百中奖，礼品丰富，等您来赢！

（摘自人人汽车网：http：//www.rrcar.com.c）

 活动案例 ▶▶▶

沃尔沃××4S店大客户购车专属礼遇

沃尔沃××4S店大客户专属礼遇为您量身定制，即日起大客户购车，即可专享尊贵大客户优惠礼遇！

1. 教师、公务员、记者、律师、医护人员：针对以上大客户，活动期间在展厅优惠价格基础之上，凭相关证件到店购买沃尔沃全系车型，还可额外优惠！

2. 一般大客户：批量购买3辆车或以上的单位客户；活动期间在展厅优惠价格基础之上，可享受一般大客户优惠政策。

3. 企业集团员工团购车：企业集团在册正式员工，凭借公司开具的《在职证明》（需加盖公章）到我店购车享受员工团购优惠。

4. 重要大客户：世界500强企业、中国500强企业、中国民企500强企业、"985+211"大学、三级甲等医院；活动期间在展厅优惠价格基础之上，可享受重要大客户优惠政策。

5. ××集团正式职工同样享受大客户优惠政策。

大客户购车礼上礼:

1.订购任一沃尔沃车型享受超值优惠金融方案(1年免息,3年低息,最低首付20%)。

2.新客户置换沃尔沃任一车型最高享受5000元置换补贴。

3.老客户增购沃尔沃任一车型最高享受4000元续购补贴。

4.新、老车主转介绍客户成功购车,赠送千元售后工时代金券。

(摘自太平洋汽车网:http://www.pcauto.com.cn)

【范本】××汽车4S店大客户推介会方案

××汽车4S店大客户推介会方案

一、活动基本情况介绍

1.活动时间

×月××日。

2.活动地点

××高尔夫俱乐部。

二、推介会单位群体介绍

1.批量采购单位介绍

(1)单位名称:××实业有限公司。

(2)单位介绍:略。

(3)预计采购台数:预计本次采购台数为10台左右。

(4)采购时间:5月。

2.潜在批量采购大客户单位介绍(略)

三、推介邀约客户介绍

1.政府/机关单位客户邀请(略)

2.国企/事业单位邀请名单(略)

3.其他意向客户邀请名单

意向客户、车主邀约等。

四、活动流程

活动流程,具体见下表。

活动流程

序号	时间	项目	说明
1	15:10~15:25	来宾签到,入场,自由活动(可以进入场内进行高尔夫运动)	门口安排销售顾问引导,如有来宾签到后观看我们的车辆,销售顾问应主动介绍
2	15:25~15:28	检查会议室准备,引导来宾进入会场	呼叫来宾就座,销售顾问引导来宾进入会场
3	15:28~15:30	主持人开场	宣布活动开始,介绍活动流程安排
4	15:30~15:35	节目表演	待定
5	15:35~15:40	董事长致辞	待定

续表

序号	时间	项目	说明
6	15：40～15：45	总经理致辞	
7	15：45～16：45	产品推介会	讲解完PPT后，宣布当日促销政策
8	14：45～16：55	节目表演	待定
9	16：55～17：20	推介会议结束，引导来宾进行高尔夫体验	
10	16：55～17：20	来宾体验高尔夫，销售顾问为意向客户讲解	
11	17：20～18：30	邀约来宾就餐	含节目安排
12	18：20～18：30	来宾抽奖	

五、预计活动效果

预计活动效果，具体见下表。

预计活动效果

项目	预计参与人数	现场成交数	订单数	意向客户数	其他（媒体）
数量	48档（120人）	18档	12个	20档	5档

六、活动费用预算

略。

活动005：网络营销活动

网络营销活动是指通过精心策划的，具有鲜明主题，能够引起轰动效应的、具有强烈新闻价值的——一个单一的或是系列性组合的营销活动，达到更有效的品牌传播和销售促进；它不但是集广告、促销、公关、推广等一体的营销手段，也是建立在品牌营销、关系营销、数据营销基础之上的全新营销模式。

（一）网络活动的种类

网络活动的种类很多，包括有奖活动、团购活动、抽奖活动、免费使用、微博转发、调查问卷、团购抽奖、有奖竞猜等。

例如，2011年上海国际车展期间，一汽马自达举办了"减钱！捡iPad！捡睿翼！"的微博活动。此次活动别出心裁地策划了"每转发1次，车价减1元"的活动规则，活动推出不到3天，就已经达到了18万次转发的目标，而到活动结束时，转发量超过了130万。此外，还有多个64G iPad、睿翼车模等奖品。

一汽马自达微博活动除了奖品特多、大奖特别诱惑之外，与其"每转发1次，车价减1元"活动规则很有关系。显然，这一规则极大地激发了网友的参与热情。同时，"每转发1次，车价减1元"与微博的特点巧妙地结合了起来，其最终超过136万的转发量也显示了网民极高的参与度。

（二）网络活动策划方案步骤

1. 撰写活动策划方案

主要内容如下图所示。

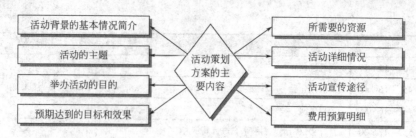

活动策划方案的主要内容

2.网络活动实施

按照活动策划方案进行活动实施中应注意以下几点，如下图所示。

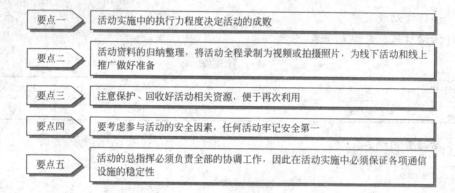

网络活动实施注意要点

3.网络活动效果评估

网络活动评估，是指网络活动举办以后，通过对活动过程的分析、评价及效果反馈，以检验此次活动是否取得了预期效果的行为。

（三）网络活动策划的要点

随着互联网上社交网站、BBS、微博以及维修等新型产品的崛起，越来越多的汽车4S店经销商开始关注这些领域，网络活动策划中往往需要把握很多标准，具体需要把握哪些要点呢？

1.平台的选择

网络活动的实施必须考察平台的可利用率。目前社交网站、BBS、微博以及微信都是比较不错的运用平台，在平台的选择过程中，我们需要进一步分析，通过网络市场调查，以数据进行阐述，对于平台的用户群体、用户浏览的分布（主要是板块以及时间的把握）以及可控性都应该进行分析，充分地掌握当前现状。不仅如此，还必须进一步与平台的相关人员进行更深层次的联系，从中了解到合作平台的成本，合作之前需要做哪些准备，哪些事情能做，哪些事情不能做，并且当出现不可控因素时该如何进行处理，比如，出现以医院负面评论时，是合作平台进行处理呢？还是需要我们进行处理呢？这些都需要进一步深入思考。

2.需求的准备

网络活动策划之初，必须做好充分的准备，尤其是在活动中难免需要做到"王婆卖瓜，自卖自夸"，像在社交网站、BBS、微博以及微信等平台进行活动实施时，更重要的是互动性，互动性越强，活动的宣传力度越广，越有效益。因此，必须加强对需求的收集,尤其是需要大量的账号数据以及评论数据。当然,还必须依靠一部分优质账号,进行充分的互动性,评论中所提问题,引起更多人关注和共鸣非常重要,这样才能够显得更加真实,更加具有说服力。

3. 专业的问答

活动策划的模式很多,很多活动的目的在于为人们解惑的同时,提高企业形象。在这种类型的活动评论中往往会提出各种各样的问题,对于这些问题我们应该进行充分的解答,当然在解答过程中要做到专业度,读者能够从你的回答中,了解到企业的核心竞争力,企业的可信度。能够为企业树立良好的企业形象。当然,专业度把握的同时,更需要做好亲和力,亲和力的表现能够体现企业的服务理念,解答得越详细,越体现亲和力,良好的口碑何愁没有呢?

4. 公关的处理

互联网活动策划中难免会出现一些负面消息,无论是竞争对手也好,还是自然用户也好,亡羊补牢的局面已经呈现,但还是必须做好后期的处理。当评论中出现负面消息时,是通过与合作平台相关人员进行协商处理呢?还是需要我们自身从容地面对呢?这都必须做好相应的准备,从而不会造成手忙脚乱,为活动策划增加难度。提前做好准备措施,打好心理基础非常重要。

5. 多元化模式的结合

互联网存在众多的营销模式,在进行活动策划过程中应该做到充分的结合,并且自身更应该结合多平台,多平台的利用能够将效果扩大化,当然每个平台的受众群体有所不同,因此在创意上应该有所改进,通过分析每个平台的优势以及劣势,掌握各个平台的营销规律,合理做好多元化模式的结合。多元化模式结合的同时更应该注意做好平台的数据整理统计以及对比分析。

6. 活动的主题

互联网活动策划的中心在于销售产品,提升企业形象,想要活动的效果得以展现,必须借助于良好的活动主题,活动的主题必须把握人物、地点、时间三要素,其中人物的把握上更需要了解目标群体,这样才能够做到针对性,若活动主题中提到相关性人物,应该充分体现其权威度。地点和时间的把握更重要,需要考虑到短时间的促销活动,还是阶段性持续的一系列活动,时间的利用必须结合用户的时间,这样考虑更加全面。不仅如此,想要得到更多的关注以及再次宣传,还必须突出活动的亮点。当然,很多情况下受到平台的限制,若利用多元化模式进行结合,活动的主题上应该做到随机应变。

7. 成本的预算

互联网活动的实施必须考虑到成本问题,必须对人力和物力提前做好预算准备,成本问题往往是管理者非常重视的问题,细化工作必须做好,这直接关系到对这次策划活动的支持程度。成本的考虑上必须把握平台的合作费用、人力的成本及奖励的成本,必要时还需要考虑到数据的成本。往往很多时候受到诸多因素限制,必须进行数据购买或者与外部团队协作通力完成。

8. 效果的评估

活动策划的效果也必须提前做好评估,当然这必须依靠之前的数据对比和丰富经验才能够做到评估精确,活动策划评估越精确,说明策划者在评估能力上有所突破,在网络活动策划过程中需要注重很多指标,通过这些指标进行效果评估。一般情况下指浏览量、评论量、有效量、产生的咨询量、产生的预约量以及最终的到达量等指标,这些数据细化越准确,也越能够为下一步活动策划提供数据依据,奠定更好的基础。

 活动案例 ▶▶▶

东风悦达起亚××4S店网上团购优惠活动开启啦

广大网上客户的福音,今日起本店为感谢网上客户的支持,特推出网上特享团购订车优惠活动,今天报名开始启动啦,本年仅此1次。

活动内容:凡参加活动的网上客户,活动当天有5名以上订车,即可享受本店团购价格。人数越多,优惠越大。当天更推出几款特价车型供广大客户选择。

需要提前报名登记,拨打400网销咨询热线报名,报名应预留客户姓名、电话号码、意向车型。

凡当天订车的网上客户都可额外获得售后维修保养券,当天5人以上订车更可开启抽奖活动,包括汽车导航、原厂车模(尺寸1:18)、各类汽车用品、优惠金券等你来拿。

活动时间:×月××日,下午1点。

活动地点:略。

报名热线:400-××××-×××。

(摘自汽车之家网:http://www.autohome.com.cn/)

 活动案例 ▶▶▶

凯迪拉克××4S店大型网络团购活动开始啦

为庆祝凯迪拉克××4S店隆重开业,答谢广大车友对凯迪拉克的关爱,厂家给予限时限量最低价格,现在购车一定最优惠。凯迪拉克全体工作人员期待您的光临!

团购时间:×月××日至××日。

团购地点:凯迪拉克××4S店。

团购车型:SRX舒适卓越版。

团购价格:活动现场公布最低优惠价格。

团购亮点:

——倾情回馈、全省最低团购价。

——低价冲量、疯狂抢购、团购优惠大放价。

——现场讲解、省时省钱省心、VIP式售后服务。

——参团即有三重好礼相送。

主办单位:凯迪拉克××4S店。

报名方式:网上及电话报名。

报名热线:××××××。

24小时VIP热线:××××××。

（摘自爱卡汽车网：http：//www.xcar.com.cn/）

 活动案例 ▶▶▶

江淮汽车××4S店网络限时促销会

7月7日（14：00～17：00），江淮汽车××4S店，联合厂家与××金融共同携带"夏日冰点钜惠"补贴"价"来袭！想不到的促销，想不到的补贴，想不到的购车礼！凡到店客户均有到店礼，更有瑞风S3，部分车型，现车提供！只要你敢买，我就敢送！

活动主题：江淮汽车××4S店网络订单限时促销会——3小时闭店促销会。

活动地址：略。

记住，您一定要来才有机会！

活动时间：7月7日（14：00～17：00）

活动地点：江淮汽车××4S店。

活动内容：到店礼、订车礼、限时促销优惠政策、特价车型秒杀。

免费咨询热线：400-××××-××××。

（摘自太平洋汽车网：http：//www.pcauto.com.cn/）

 活动案例 ▶▶▶

发微博，赢××汽车

活动时间：11月24日～25日。

活动地点：××汽车4S店门店。

活动主题：寻"宝"记发微博，赢××汽车——××幸福直通车。

参与方式：

（1）活动期内，至××汽车4S店门店活动区拍下您与××的幸福瞬间。

（2）关注@××汽车4S店官方微博，加话题"#××幸福直通车"，发微博@××汽车4S店官方微博，并大声说出你的幸福宣言。

（3）微博被有效转发数最高的网友，即是本次活动"终极幸福者"，免费领取××汽车1辆（有效转发必须满足以下条件：转发人"粉丝"数高于30个；转发人原创微博数多于30条；转发人单日重复转发只计算1次）。

（4）转发扩散我们的微博活动，我们将随机抽取"末日"幸福者，每天送出5张××集团200元储值卡一张。

 活动案例 ▶▶▶

猜中油奖，××全城特搜昂科威竞猜达人

×月××日，上海通用汽车宣布，别克全新SUV昂科威将于×月××日公布售价并上市销售。即日起，××别克发起全新SUV昂科威全城价格大竞猜——寻找您身边的竞猜达人，赢百元油卡！继"大哥"昂科雷，小弟"昂科拉"之后，姗姗来迟的昂科威真的要发"威"啦！最期待的新车，最期待的亮相，还有最期待的神秘大奖。

活动详情：

【活动时间】×月××日。

【活动地点】××别克全部网点。

【活动内容】

1.活动期间，凡是到店客户均可填写"价格竞猜表"，对昂科威的四款车型（任选一款）进行竞猜价格。

2.活动期间，登录新浪微博，搜索"别克××"后加关注，回复#昂科威价格大猜想#话题进行价格竞猜，同时@"别克××"及@3位好友。

3.活动期间，关注"××汽车"公众微信号，并发送姓名+手机号+昂科威车型+竞猜车价至公众微信，即可参与昂科威价格竞猜活动。

4.活动期间，每人针对每款车型仅限猜1次，取最后的1次为准，竞猜价格需是具体数字，不可为价格区间。

礼品设置：

1.凡上海通用车型车主猜中任一款昂科威价格，可凭行驶证领取300元油卡奖励。

2.意向客户猜中任意一款昂科威价格，可获赠500元商业险基金（购昂科威同时抵同等金额商业险使用）。

3.××月昂科威展厅上市会现场会从所有参与竞猜的车友中抽取3名幸运者，赠送神秘大礼。

活动案例

春暖花开"粗"来晒晒

狮友们,时光易老,唯有美景与爱车不可辜负。快邀三五好友,与你爱的人一起感受春日的美好。把你的笑声与美丽的心情一同记录在相片中,发给小狮子吧。

活动时间:

×月5~31日

第一期:×月5~12日。

第二期:×月18~31日。

活动规则:

1.上传你驾驶标致爱车出行的照片至个人微博,配一句你的心情话语并@狮友汇官方微博。

2.照片可以是你与爱车,或是爱车与美景,如果有私人车模也是大大欢迎哦。

3.如果你不是微博的用户,也欢迎微信私信或在狮友汇论坛专帖中上传照片,小狮子同样也会感受到你的热情与浪漫。

4.活动共有两期,在活动期间你可以为自己最心仪的照片投票点赞,投票有奖,可别说小狮子没有告诉你。

5.活动结束后,每期获得投票数最多的两幅照片,小狮子将奉上出游大礼:睡袋或充气垫,每期2名。

6.活动奖品由小狮子邮寄给各位获奖用户。

7.东风标致狮友汇有权在法律许可范围内对活动规则做出解释。

狮友们,良辰美景不多得,心动就快行动吧!

(摘自狮友汇网:http://www.mypeugeot.com.cn)

活动006:微信营销活动

(一)什么是微信营销

微信是腾讯旗下的一款语音产品,是当前比较火爆的手机通信软件,支持发送语音短信、视频、图片和文字,可以群聊。

微信一对一的互动交流方式具有良好的互动性，精准推送信息的同时更能形成一种朋友关系。基于微信的种种优势，借助微信平台开展客户服务营销也成为继微博之后的又一新兴营销渠道。

微信营销是网络经济时代营销模式的创新，是伴随着微信的火热产生的一种网络营销方式。微信不存在距离的限制，用户注册微信后，可与周围同样注册的"朋友"形成一种联系，用户订阅自己所需的信息，商家通过提供用户需要的信息，推广自己的产品，进行点对点的营销方式。

（二）微信活动推广的五大好处

通过策划组织各种活动吸引"粉丝"参与关注，以此达到品牌和效益增长的手段就是活动推广。微信活动对汽车4S店来说有哪些好处呢？

1. 拉动"粉丝"数量增长

"粉丝"数量在一定程度上说就是微信公众账号的根基，如何增加"粉丝"数量，成了众多汽车4S店经销商苦苦追寻的答案。一个好的活动是完全可以大幅度拉动"粉丝"数量增长的。

不过要注意的是，活动多，带来的"粉丝"数量有可能只是暂时性的，往往活动一结束，后续的内容和活动跟不上，有可能就会"掉粉"，所以这种通过活动让"粉丝"增加的方式，需要保持活动的连续性。

2. 带动营业额

在传统的营销方式中，活动营销、会议营销被很多汽车4S店经销商奉为灵丹妙药。一场好的会议或是活动，能带来几十万甚至上百万的订单。微信活动也是如此，好的活动对营业额也会有极大的拉动。

3. 提升品牌影响力

对于大型的活动，会在行业及用户中引起非常大的反响。比如招商银行"爱心漂流瓶"活动，就非常成功，极大地提升了招商银行的品牌。

4. 搜集数据

在营销推广中，消费者数据是非常重要的。最常见的就是消费者手机号，商家留下并统计以用作活动营销使用。互联网的出现，我们有了更多的选择，让数据库的搜集变得更便捷、高效、节省，曾有一个客户通过微信做了1次有奖调查，总共花费不到1000元，就收集到了近1万份详细的用户数据，单用户成本仅仅1元左右。

5. 提升用户忠诚度

丰富多彩的活动会大幅度提升"粉丝"的活跃度，让"粉丝"在参与的过程中享受到了乐趣，微信的黏性大大增强，只有留住了"粉丝"，才是微信营销的长久之道。

（三）微信公众平台

微信公众平台是腾讯公司在微信的基础上新增的功能模块，通过这一平台，个人和企业都可以打造一个微信的公众号，实现和特定群体的文字、图片、语音的全方位沟通、互动。目前此平台只能在PC端登陆，但是可以在其设置里面通过公共号助手绑定一个私人微信账号，利用微信公众号助手群发消息，随时查看消息群发状态。

（四）微信如何线上线下结合做活动

电子商务O2O模式是将线上流量和线下消费结合起来，线下商家通过线上发布的信息将线上的客户引导到线下，让自己的产品通过线上的渠道进行快速有效的推广。现在，随着微信的发展，许多汽车4S店越来越重视利用线上活动来结合线下进行吸引顾客。

1. 写好活动策划方案，线上结合线下

在做活动之前要写好活动策划的方案，方案包括主题、时间、推广方式和推广效果的估计。而活动能吸引用户主要是利益诱导，如广州一家蛋糕店，在其开业期间，利用微信做活动，只要关注就有奖品，结果1周内吸引近万"粉丝"，这就是一个很好的线上线下结合做活动的案例，而在这之前，这家蛋糕店便做了一些策划方案。从中挑选实施性强的作为最后的活动进行实行。

2. 通过朋友圈的转发，引起广泛关注

朋友圈是一个很大的分享平台，一条信息在朋友圈的阅读数是非常高的，而在朋友阅读并转发，其引起的效果更是成倍增加。线上的信息通过朋友圈转发，将线下的活动推广到更多人知道，这就可以很好地实现将线下的活动告知受众，实现线上线下的结合。

3. 利用实体店的展架将二维码推广出去，将线下的活动通过二维码推广到线上

用户进入门店了解产品活动，汽车4S店可以引导其关注二维码，通过其在朋友圈转发，让更多的人得到4S店线下活动的信息。

4. 借助小游戏进行扩散

带有趣味性的小游戏，会引起用户的兴趣，在朋友圈，这样的小游戏并不少见，而这种小游戏则可以接入汽车4S店微信的线下活动，这样在朋友圈分享就将宣传融入乐趣之中，宣传效果也会好。

（五）微信活动策划的要点

微信运营中的活动策划是很重要的一环，一来可以刺激沉睡用户；二来可以借机实现销售转化；三来可以搜集到很多用户的信息得以进一步针对性服务和营销；四来通过活动与用户高频次互动，加深用户对品牌的认知和了解，强化品牌忠诚度。那微信活动策划应该从哪些地方着手？微信活动的策划与运营有哪些是需要注意的？微信活动的效果怎样提高？

1. 活动的门槛要低

这个门槛有两方面的含义。

第一是指活动的目标人群。活动面向的人群越初级越好，因为越是高级用户，用户群越少，而且高级用户对于活动的热衷度远不如初级用户。

第二是指活动规则。规则应该越简单越好，规则越复杂，用户的参与度就会越低。

根据我们的目标客户群体，开展活动的时候门槛自然是越低越好，这样可以充分调动每一个"粉丝"的积极性。有的活动"粉丝"还会由于低门槛而转发到自己的朋友圈，门槛低，参加的人也就多，那么就能一直活跃于"粉丝"的视线，自然也达到了推广的目的。

2. 活动周期要合理

微博活跃度在下降，倒流效果越来越差，微信的活跃度也不高，月活跃用户1.9亿，日均活跃用户接近1亿。不活跃，意味着普遍用户的使用频度不够高，一次推送的阅读率可能也就在30%左右，尽量让登陆不频繁的用户三五天后看到时活动还没过期，于是兴奋地加入了。从几个比较成功的活动来看，活动周期最好设置为1周，用户亢奋地来了，满怀期待地参加活动，心满意足地留下，一两天的周期太短了。

3. 文案要足够吸引人

策划了一个很好的活动方案、活动流程，但是却没有一个能吸引人的文案，别人看一眼之后就没兴趣看下去，那你的活动即使再吸引人也是徒劳。文案的名字需要给别人想象的空间，开头要能够吸引别人继续读下去的欲望，结尾要能够让别人自然地参与活动，这些都是我们在策划一个活动中需要注意的地方，毕竟微信不是传统行业，传统行业可以找个主持人去台上讲讲话，去电视台投投广告，但是在微信上，是以文字和图片为主，所以一个能吸引人的文案是必不可少的。

4. 活动规则简单

活动规则让用户在30秒之内看懂，在活动环节中用户在3分钟之内可以完成，具体看奖品，是小奖品的话尽量把时间缩短。还有一点，就是要尽量方便用户，让用户能用一只手操作完成，活动前可以多找人试试。

5. 趣味性要强

活动的趣味性越强越好，只有活动好玩有趣，参与的人才会多，活动的气氛才能营造起来。如果活动足够有趣，甚至在没有奖品的情况下，更能让"粉丝"参与并且把这个活动转发到朋友圈，如此循环下去。毕竟上网娱乐，才是大家最终的目的。

6. 活动回报率要高

活动一定要让用户受益，要让用户得到足够的好处，因为只有活动的回报高、奖品丰厚，用户的积极性才能被调动起来。活动奖励可以是物质上的，如手机、电脑、相机等；也可以是精神上的，如荣誉、奖杯、名人的签名等。

但要注意，奖品在丰厚的基础上还要有一定特色和吸引力，不要总是千篇一律。同时还要注意提升奖品的回报率。大奖固然重要，但是如果一次活动只有几个人有机会得奖，也会打消用户的积极性。所以在大奖有保障的基础上，尽量多设一些小奖，尽可能让更多的人拿到礼品。

7. 选对推送时间

微信上的信息推送时间点要选择得好，上午、下午推送不如早上推送，早上推送不如晚上推送。在用户心情愉悦的时间点推送信息，可以增加活动信息的有效阅读率和参与率。微信的使用高峰基本上是在早上和晚上，活跃用户已经形成早上起床、晚上睡前看手机微信的习惯。晚间推送，可以在推送后形成第一轮口碑分享，第二天早上形成第二轮暖身，信息阅读率和分享率自然会更高。

8. 做好活动预热和亮点提炼

活动要更多人参与才会有引爆效应，特别是活动的目标人群，活动是针对潜在用户和新订阅用户的，那就需要充分利用好微信以外的媒介手段——官网、各种汽车网站等；活动是针对老顾客的，那就利用短信群发等能联系到老顾客的手段，把已购买的顾客吸引到微信公众平台上来。特别需要注意的是，不管活动是针对老用户还是新用户，都要充分利用好被关注自动回复和消息自动回复，利用这些功能再次做活动提醒，如微博上宣传"关注××微信公众号，赢取万元奖品"，用户关注公众号后，公众号的被关注自动回复内容里应添加"欢迎参加××赢取万元奖品活动"，在用户回复非关键词范围内的消息时，消息自动回复里再提醒用户"××赢取万元奖品活动进行中，欢迎参与"。通过这些功能，不断提醒新老用户参与到活动中来，充分告知，让用户印象深刻。

9. 活动的可持续性

开展活动的目的是为了得到更多的客户，那么这个活动绝对不能只看到眼前，要着眼于之后的活动，让它成为一个系列，就像是我们看电影一样，第一部、第二部、第三部等。持续性的活动可以让其他没有参加这次活动的人继续关注我们,等待我们的下次活动开展,要想让活动的效果放大,能够持续地发挥作用,在活动策划的时候不要只顾眼前,最好是把几次活动的架构和联系全部列出来之后再准备文案,这样不会让人觉得突兀。

 活动案例 ▶▶▶

上汽大众××4S店——微信关注有礼活动

即日起,凡是到店客户关注上汽大众××4S店即可获得精美礼品一份,关注微信,实时知晓优惠促销活动,新车到店信息,爱车保养知识,做您贴心的汽车管家,详询:×××××××××!

(本案例出自汽车之家网:http://www.autohome.com.cn/)

 活动案例 ▶▶▶

北京现代××4S店微信"集赞"有礼活动

北京现代××4S店启动微信有奖活动回馈众"粉丝",即日起至××月××日,只要您将此信息分享至朋友圈,转发集赞就可获得相应的豪礼。

1. 集满20个"赞"即可免费洗车1次。
2. 集满30个"赞"即可获得钥匙扣1个。
3. 集满66个"赞"即可获得颈枕1对。
4. 集满88个"赞"即可获得抱枕被1套。
5. 集满168个"赞"即可获得汽车坐垫1套。

礼品以实物为准,集赞够可获得相对应的礼品,仅兑换1次。"粉丝"们,拼人气的关键时刻到了!早集"赞"早得专属礼品!赶紧往下看参与规则吧!

【集赞参与方式】

搜索添加"北京现代××4S店"或者××××××微信公众平台,转发此条消息,参与活动有效,请各"粉丝"在活动截止时间××月××日17:00点前发送集赞截图到"北京现代××4S店"微信平台,收集足够后截图到店领取相应的奖品。

【集赞参与时间】

即日起至××月××日。

【集赞兑奖方式】

××月××日前请参与活动的微信"粉丝"携带手机到北京现代××4S店市场部核实集赞结果并兑换奖品。

详细地址：略。

热线电话：×××××××××。

【集赞活动温馨提示】

1.发集赞截图的截止时间是××月××日17：00前。

2.转发此条消息到朋友圈，并发起微信好友点赞。点击右上角"…"，将本信息分享到朋友圈，赶紧开始集"赞"吧！

3.发截图要求。活动结束前编辑信息发送到"北京现代××4S店"微信平台："姓名、电话、集赞数量+截图图片（集赞手机截屏）"。

4.每个微信号限参与1次机会，不重复参与。以首次发送的参与信息为准。

5.领取奖品需携带集赞手机到"北京现代××4S店"市场部，确认集赞信息后现场领取奖品。

6.微信好友数量一定大于等于集赞数量，一定是真实客户点赞，申请多个小号等作弊无效，活动结束后还要验证。

7.所有礼品以实物为准。

微信"扫一扫"二维码或者直接搜索微信号"×××××××"。

（摘自太平洋汽车网：http：//www.pcauto.com.cn/）

 活动案例 ▶▶▶

奥迪××4S店百万微信红包大派送

红包代表喜庆，代表日子红红火火，代表一种祝福，代表一种期许。奥迪××4S店派发百万红包，通过官方微信——新年抢红包板块进行，样样惊喜等您揭秘！

届时有多款车型尊享超低折扣、超钜惠让利，同时还配合以旧车置换、金融分期等多重灵活购车方式供您选择，我们以最优质的服务和最实惠的价格，让您轻松拥有奥迪！详情咨询：×××××××××。

活动主题：超级座驾·新春献礼——红包大派送。

活动时间：××月××日～××月××日，

每天上午10：00～11：00，下午14：00～15：00，晚上19：00～20：00。

参与方式：关注并加入××官方微信即可参与~新年抢红包。

红包内容：

销售红包：1000～3000元购车现金抵用券（挺任性的），500元装潢精品抵用券，1000元延保抵用券，500～1000元续保抵用券，8800元整车美容镀晶券，1000元贴膜抵用券，1000元导航抵用券，1180元室内清洁杀菌券，1000元底盘装甲抵用券，1000～2000元二手车置换抵价券，6800元二手车魔术翻新券。

服务红包：1000元延保抵用券，500元续保抵用券，800元改色膜抵用券，500元ECS升级抵用券，300元内室SPA抵用券，800元底盘装甲抵用券，200元室内杀菌抵用券，500元全车镀膜抵用券，800元全车镀金抵用券。

购车额外尊享：

1.订单礼：奥迪山地自行车。

2.促单礼：前10名订购车主可获赠奥迪专用整理箱1个。

3.介绍礼：老客户转介绍新客户购奥迪，新、老客户送万元大礼包。

4.大用户购车礼遇：赠送1年的基础保养或1年的总成延保。

5.金融礼遇：尊享贷款免息。

6.评估礼：××会员爱车尊享110项免费检测，稻花香好"米"相送，尊享超值"0"成本置换方案及惊喜好礼。

7.置换礼：活动期间成功置换的客户最高可享3年的免费基础保养。

（摘自太平洋汽车网：http：//www.pcauto.com.cn/）

 活动案例 ▶▶▶

××汽车4S店点赞，集50赢取情人节礼包

新一轮的点赞礼包活动马上开始：朋友圈集齐50个赞，送玫瑰+巧克力大礼包。礼品领取日：2月14日（当天）。礼品数量：50套（先到先得）。领奖规则：需本人持手机亲自领取，代领无效，咨询电话（略）。

××4S店微信号：××××××，加微信点赞，接受我们传递给您的那份爱吧。

新春贺礼：
新春礼一：七款Jeep新春版上市。
新春礼二：全系万元钜惠，自由光除外。
新春礼三：活动期间到店赠2000元Jeep新春红包。
新春礼四：微信朋友圈转贴获集50个赞，送情人节专属礼品1套。
新春礼五：情人节赠精美纪念品1份。
更多详情请致电（略）。
地址：××市××区××大道。

 活动案例 ▶▶▶

奥迪××4S店双节（元宵节、情人节）微信

活动主题：喜乐闹元宵，约"惠"在××。
活动主角：A8L/A6L/Q3/Q7。
活动热线：（略）。
活动时间：2月14日。
活动地点：奥迪××4S店展厅。
活动内容：

（1）"双节"尊享版A8L甜蜜钜惠：一口价75万元，特享版A8L最高优惠35万元。至尊座驾A8L，马年马上拥有！马年马上发！

（2）A6L最高优惠享13万！另有首付10万元，焕彩座驾A6L马上开回家。

（3）Q3全系优惠5000元+送贴膜+情人节超值金融购车方案，低首付、低利率、低月供，时刻紧随挚爱脚步，把握时尚潮流。

（4）提Q7现车，即送价值12000元脚踏板，助您"踏"上新征程！

（5）活动期间购A8L/Q7，即可免费享有乐途俱乐部钻石卡尊享服务（工时、精品、美容、自驾游活动均可享7折；免费洗车服务12次/年）。

（6）现场参与猜灯谜活动，赢取元宵好彩礼，鸿运新一年！现场购车赠送爱意玫瑰，特别的爱给特别的TA！

（7）长久乐途车友会——××会员"回家"保养/维修，获赠××元宵关爱礼，双节消费双倍积分，"倍"感温馨！

活动期间，非同品牌车辆置换奥迪新车赠送2000元油卡，同品牌车辆置换奥迪新车赠送6000元油卡。

 活动案例 ▶▶▶

"诺"曼蒂克闹元宵，微信刮刮卡中大奖

当传统的元宵节遇上浪漫的情人节，和法国雷诺一起过一个"诺"曼蒂克的元宵节吧。现在关注××雷诺4S店公众微信（微信号：略），参与刮刮卡活动，好礼送不停！

【活动规则】
参加对象：所有关注××雷诺4S店企业微信的客户。
抽奖时间：2月10日～2月16日24：00。
兑奖截止时间：2月14日～2月23日。
兑奖地点：××雷诺4S店。
奖品：一等奖为免费港澳4天双人VIP畅游卡1张；二等奖为雷诺水桶1个；三等奖为巧克力1份。

活动007：其他活动

其他活动包括周末降价促销活动、节假日活动、跨界金融营销等各项活动。

 活动案例 ▶▶▶

别克××4S店周末降价促销活动

别克××4S店将在本周末（×月××日）举行总经理签售会，对别克全系车型进行大幅度降价促销。周末的活动以现车为主，订车后现场即可提车，不需要费时等待，详询：×××××××。

具体车型优惠如下。

1. 凯越发财版限量销售，发财版高配现金优惠3.09万元，低配现金优惠2.89万元。其他车型现金优惠2.59万元。按揭购车0利息，固定贷款4万元12期利息真正免。
2. 英朗发财版现金优惠3.58万元，其他车型现金最高优惠3.38万元。贷款8万元，12个月免息。
3. 君威最高现金优惠3.28万元，最高贷款6万元，18个月免息。
4. 君越最高现金优惠5.08万元，最高贷款8万元，18个月免息。
5. 昂科拉最高现金优惠3.08万元，最高贷款8万元，12个月免息。
6. 昂科雷最低499900元起，赠送价值3万元大礼包，按揭购车同时享受0利息，贷款25万元18期免息，其他免息按揭方案可来电咨询。

7.昂科威：订金1万元，接受预定（有少量现车，可试驾）。

具体各车型团购价格，更高折扣周末活动可与销售顾问现场洽谈。活动期间到店看车即有惊喜（××月××日周末大型团购盛宴）。

活动亮点一：到店即送精美礼品。

活动亮点二：二手车置换君威、君越享4000元价格补贴并赠送价值4000元保养代金券。

活动亮点三：全系车型限时、限量特价优惠。

活动亮点四：先订先得礼15个，分别为价值1188元的车载氧吧、888元的行车记录仪、388元的4L壳牌机油。

活动亮点五：疯狂订车抢大礼——当天根据签单数来决定赠送客户订车礼品！订单数满15台以上送500元油卡，满20台以上送800元油卡，满25台以上送1000元油卡。

（摘自网上车市网：http：//www.cheshi.com/）

 活动案例 ▶▶▶

璀璨女人节，××4S店女人节促销活动

活动主题：璀璨女人节，全新帕萨特、全新POLO特惠。

活动时间：2012年3月3～8日。

活动地点：××4S店（××广场××路）。

活动内容：

★凡活动期间，试驾全新POLO和全新帕萨特的客户，均有礼品赠送！

★女性尊享礼遇，凡3月8日出生的女性朋友，凭有效身份证至××大众展厅前台可领取精美礼品一份！

★购车有礼，活动期间订购全新POLO或全新帕萨特指定车型均有大礼相送！

活动详情：请登录网站（略）。

（摘自搜狐汽车网：http：//auto.sohu.com/）

活动案例 ▶▶▶

长城汽车4S店夏季酷暑送清爽促销活动

活动主题：夏季酷暑送清爽。
活动时间：6月15日～7月15日。
活动范围：长城汽车所有客户。
活动内容："五重惊喜等您拿"。
1. 惊喜一：免费爽心全面体检。
2. 惊喜二：空调暖风系统清洗优惠活动。
3. 惊喜三：保养材料9.5折钜惠。
4. 惊喜四：保养维修工时7折。
5. 惊喜五：进站维修或保养赠送发动机机油格一个或精美礼品一份。

（摘自易车网：http：//m.yiche.com/）

 活动案例 ▶▶▶

北京××汽车4S店周末优惠活动开始啦

"北欧控"绅宝D50，触手可及！62800元起售，补贴免息双重大礼，更有超乎所想的置换特惠礼遇，让你距离拥有四项全能的"北欧控"梦想座驾更近一步！抓住时机，来北京××汽车4S店咨询试驾，坐享"全民家轿"新典范绅宝D50，今夏与家人一起乐享有车生活吧！

此外，现购D50 1.5L舒适版（售价81800元）、1.5L CVT标准版（售价89800元），一律免费配送原厂导航、倒车影像，加量不加价，着实优惠，快来享购吧！

××月××日～××日，我们精心为您准备了蛋糕、零食、水果等，北京××汽车4S店所有员工热烈欢迎您的到来！

（摘自汽车之家网：http：//www.autohome.com.cn/）

活动案例 ▶▶▶

长安马自达××4S店——厂价团购会

为答谢广大车友长久以来对长安马自达的坚定支持,长安马自达××4S店××月××日推出大型夏季团购活动,本次活动厂家大力支持,优惠力度绝无仅有!现场购车享多重大礼,活动涵盖购车、二手车置换、金融购车方案、到店试驾礼等惠客礼遇。另外订车参与抽大奖,惊喜奖品等你拿,100%中奖!全系车型享受最高优惠力度,让你轻松购车,一步到位。

活动时间:××月××日

地点:略。

销售热线:(略)。

微信号:(略)。

活动优惠车型:马自达CX-5、马自达3昂克赛拉、马自达3星骋、马自达2全系最高优惠力度!

更多优惠咨询请来电或来店咨询!

××汽车销售服务有限公司

(摘自爱卡汽车网:http://www.xcar.com.cn/)

 活动案例 ▶▶▶

烽火再起,决战卡罗拉——新卡罗拉之世界杯抢购会

哪项赛事最受人瞩目?当然是世界杯!哪款车型最受人喜爱?当然是一汽丰田卡罗拉!全球超越4000万的销量,吉尼斯世界纪录的创造者!××月12~13日一汽丰田××店新卡罗拉之"烽火再起,决战卡罗拉"抢购会,现场购车更有多项优惠政策。

活动时间:××月12~13日。

试驾有礼:来店试乘试驾并扫描微信即可精美礼品一份。

订车有礼:活动期间购车即可获得抽奖机会,名额有限,先订先得;购RAV4还可抽油礼,百抽百中!

置换有礼：置换卡罗拉最高可补贴4000元。

按揭有礼：选择管家贷融资购卡罗拉，可享免费保养。

咨询热线：××××××××。

（摘自深业汽车网：http://www.sy-auto.com）

第二节　汽车4S店活动要点

要点001：明确活动的目的

汽车4S店开展汽车促销活动的目的是什么？市场的现状又是怎样的？是新车上市？是提高汽车销量，还是提高汽车品牌的知名度？只有活动目的明确，才能做到有的放矢。

要点002：选择合适的活动主题

活动要给消费者耳目一新的感觉，就必须有个好的活动主题。因此，活动主题设计有几个基本要求。一要有冲击力，让消费者看后记忆深刻；二要有吸引力，让消费者产生兴趣，如很多厂家用悬念主题吸引消费者探究心理；三要主题词简短易记。不同的节日，汽车4S店所作的促销活动的主题都有所不同。比如三八妇女节，促销的主题可以是以女性为主，主推一些适合女性的车型，又或者是即将到来的国庆节。选择什么样的促销主题，汽车4S店首先要考虑到活动的目标、竞争条件、环境及促销的费用预算和分配。而且最重要的一点是，在确定主题之后，淡化促销的目的，使活动更接近消费者，更打动消费者。

要点003：明确产品受众人群

受众人群分析是很重要的，把主要客户分析出来，然后针对客户宣传、买礼品、设置

广告词等。使汽车和人群相对应,什么车适合什么样的人。生意人偏重于张扬些的而且需配置豪华。喜欢改装的人,都重视车的动力性与操控性。刚学会开车的人,要求就是代步练手,重视经济性、维修便宜等。或者是针对公司、采购等设置不同的礼品。分析受众人群,可以让活动效果更明显。

要点004:挑选恰当的活动时间

每个活动都需要一定的名堂,所谓的出师有名才行。所以汽车4S店做活动的时间一般都是选在节假日期间,一来顺理成章;二来节假日更多的人有空余时间关注活动,平时都是上班匆匆忙忙的,很难去理会工作之外的东西。所以活动挑选的时间基本直接关系到活动的效果。

选择适当的促销活动时间和地点往往能达到事半功倍的效果,选择不好便会吃力不讨好。所以,活动的时间和地点的选择尽量能让消费者方便。活动的举办该持续多长时间应该是要重点分析的。

要点005:让活动具有吸引力

(一)活动中存在的普遍问题

在实际调查过程中,发现经销商的活动普遍存在这样一些问题。

1. 活动组织设计不力

比如有一些品牌举办慈善活动,在召集车主的时候由于没有召集到足够的车主参加活动而直接取消活动。很多车主直接表示对这个品牌的组织能力非常失望。在下次的活动邀请的时候就增加了很多难度。还有些活动的现场组织能力、工作人员及活动的内容也被车主挑剔,觉得活动乱糟糟的,没有新意等。这都对下一次的活动邀请增加了难度。

2. 活动的细节粗糙

有不少车主反映在活动过程中很多细节都是不够的,比如有些豪华品牌经销商给的赠品就是一些价值不高的商品,现场的餐食也不令人满意。

3. 活动老套

老一套的活动设计是很多车主拒绝参加经销商活动的主要原因。他们觉得每次都是试驾S道、百米赛道等,这种活动不够吸引人。

面对车主的这些要求,很多人可能觉得车主的要求就像无底洞,总是突破自己底线的感觉。但是换个思路可以看到,其实是经销商们总是用相同的思路在做事情,当然重复多次以后如何突破极限就变得极其重要了。

(二)让活动变得更有吸引力

怎么样才能让活动变得更有吸引力呢?套用逻辑思维的一句话,就是"有种,有趣,有料"。

1. 有种

坚持做活动的理念,不为了活动而活动。现在厂家都有指标压力,每个月甚至每个星期都有活动要求。用户已经对这种频繁的骚扰感到反感。市场活动就是为了集客,售后活动就是提高基盘用户的忠诚度。在活动过程中融入自家品牌和经销商品牌的理念,让车主能感受到品牌的关怀和含义。做事情还是要回归本真的。

2. 有趣

活动的设计要与时俱进。比如试驾活动,很多车主很喜欢试驾,通过现场专业人员的讲解,这些车主体验到可能直到车卖掉都不会用到的功能。在试驾过程的推背感,现场的尖叫声,不同品牌的同级别车的对抗赛等都能给车主留下深刻的印象。尤其是讲车环节的设计特别体现活动组织者的用心,有的高端品牌通过互动游戏的方式,让刚刚参加完试驾活动热血澎湃的车主又体验到了不同的有趣情节。

3. 有料

对不同的用户设计符合他们需求的活动。现在流行的圈层营销方法,对人群进行细分,进行精准人群分类活动设计等,都是根据车主的特点去推广这些活动。比如对车主的喜好进行分析,针对喜欢安静休闲活动的客户推广看电影、读书会等活动;针对喜欢冒险新潮的车主推广新车对抗赛、攀岩等活动。如果给一个喜欢看看书、聊聊天的用户去推广攀岩活动,只会让车主觉得厌烦。

要点006:送好活动礼品

(一)活动礼品如何选择

选择一份合适的汽车活动礼品,不仅能表达对消费者的关爱和感谢,同时又巩固和加强了公司与客户之间已有的良好友谊关系。对于活动礼品的选择,4S店要注意以下几点问题。

1. 实用且可以传承汽车文化

一家对环保问题关注的公司在选择赠品时,可以选用对环境生态无害的材料,借此向消费者宣传公司对全球环境保护所做的努力,为公司建立一个良好的形象,比如再造纸、水溶性纸海绵、无钉订书机等,都是一些既实用又具备商业价值的新颖赠品。

2. 礼品需要个性

汽车4S店赠品紧随潮流,除了反映时下流行的色彩、花样、设计和功能外,还兼具了时尚新颖、有趣别致的个性。例如一家4S店,在选择赠品的时候如果选择化妆品作为礼品,那么无疑是不够专业,而且会有很大的风险的,某些人对化妆品会有过敏反应等。

3. 再生环保成为赠品趋势

比如赠品注重材质的环保,尝试运用不同于以往的传统性材料,以增加产品附加值及新鲜感。如硅胶的防滑垫,以及竹炭包挂件或者枕头等。

4. 礼品需带有公司标志

4S店流行的赠品包括有汽车标示的纸巾盒、圆珠笔、打火机、记事簿、坐垫、抱枕、雨伞、钥匙链等,杯子也是非常受欢迎的赠品之一,优点是方便实用,成本效益好,而且不受潮流影响,因此成为受人喜爱的赠品。

  特别提示

> 汽车4S店活动礼品是一种促销手段,这样可以扩大汽车销售,提高企业形象。对于商家而言,选择合适的礼品,不仅可以传达出自己的心意,而且能达到宣传促销的效果,能起到事半功倍之效。

（二）赠送礼品的禁忌

汽车4S店赠送礼品的禁忌有三点，如下图所示。

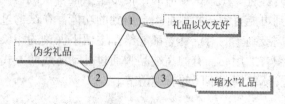

赠送礼品的禁忌

（三）女性车系礼品送什么

许多车行纷纷推出了针对女性的车型，Mini、甲壳虫等都是为女性量身定制的车型。因此4S店也要为越来越强大的女性市场做一些准备了！

4S店给女性客户送礼，不但要选择得体，还要注重包装。

1.粉色水晶钢琴音乐盒

音乐能给予女性独特的气质，这款水晶钢琴音乐盒带着浪漫的粉色，将唯美的音乐和纯净的身体融于一体，带给人无尽的美感。将它作为4S店订车礼品，一定让各位女车主爱不释手。

2.晴天娃娃

还记得《一休哥》中屋檐上挂着的那个小布娃娃吗？现如今，市场上的这款可爱的晴天娃娃采用了光感应作为动力，完全不需要安装电池，利用光线就能够使娃娃规律地摇摆，看着它悠然自得的样子，你是否也从疲劳中解脱出来？让你拥有美好的心情，是送给女性的极佳选择。

要点007：进行活动的宣传

4S店可以通过媒体来进行促销活动的宣传，比如利用电视、报纸、海报的方式；树立广告牌；通过网站广告来宣传。

要点008：做好活动的预算

一个好的促销活动，仅仅是靠一个好的点子是不够的。所以对促销活动的费用投入和产出应作出预算。

要点009：总结活动的不足

促销活动的结束，就应该是做一个全面总结的时候。通过大家的总结，能够清楚了解到促销活动的不足之处，从而改进，为下次的促销活动提供借鉴。

第二章
汽车4S店假日促销活动策划

- 第一节　汽车4S店假日促销认知
- 第二节　汽车4S店的假日促销策划

第一节 汽车4S店假日促销认知

知识001：假日促销的价值

由于中国人的假日越来越多，使得促销活动的力度越来越大，加之外国的假日也融入了国人的日常生活中，比如"情人节""母亲节""父亲节""圣诞节"等，再加上"三八节""劳动节""建军节""中秋节""国庆节""春节"等，可谓"节连不断"，利用这些特殊时机进行促销活动自然是花样满天飞。尤其是快速发展的汽车行业更要抓住时机，不断发掘假日的价值。

知识002：假日促销的必要性

汽车属于耐用品，又是大宗物件，因此，购买汽车在大多数家庭里面是一件大事，需要全家人合计、参考，所以只有等到节假日家人都有空的时候才去选购。

何况现在消费者也在不断揣摩厂家的心思，总认为在节假日促销力度比平时要大，许多家庭就是等也要等到节假日才全家倾巢而出购物。因此，汽车4S店要善于把握和利用假日，做好促销，从而提高营业额。

知识003：365假日循环图

每年的365天的假日是一样的，通过365假日循环图，可以看到每个季节主要的假日，对一年的假日有初步的了解与印象。

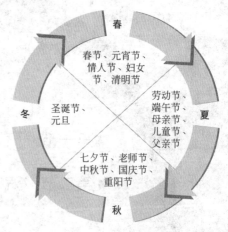

365假日循环图

 活动案例 ▶▶▶

宝马××4S店国庆期间促销活动

活动主题：国庆欢乐"送"。

活动时间：10月1～7日。

活动地点：宝马××4S店。

参与车型：BMW 1系/BMW 3系/BMW X1。

活动内容：

宝马××4S店国庆购车悦享套餐启动！凡活动期间在宝马××4S店订购BMW 1系、BMW 3系、BMW X1指定限量车型即可享受国庆悦享套餐。

一、凡10月1～7日购买指定BMW1系限量车型，即可享受如下套餐。

1. 原厂脚垫1副。
2. 全车三重水晶镀膜1次。
3. 精美礼品1份。

二、凡10月1~7日购买指定BMW 3系限量车型,即可享受如下套餐。
1. 1000元贴膜专用礼券1张。
2. 全车三重水晶镀膜1次。
3. 售后常规机油保养1次。
4. 燃油添加剂2瓶。

三、凡10月1~7日购买指定BMW X1限量车型,即可享受如下套餐。
1. 获赠秋季礼遇运动套装1份或1000元贴膜专用礼券1张。
2. 底盘装甲1次。
3. 500元售后工时代金券。
4. 原厂玻璃清洗剂1瓶。

(摘自太平洋汽车网:http://www.pcauto.com.cn)

 活动案例 ▶▶▶

一汽奔腾××4S店中秋大型促销全系特卖

迎中秋、教师双节,一汽奔腾××4S店举行"中秋佳节 一汽奔腾大型促销全系特卖"的展厅优惠促销活动,全系厂家直销价,并有礼包相赠!感兴趣的朋友可以来电咨询!

活动时间:×月×日~××日。
活动地点:一汽奔腾××4S店展厅内。
活动详情:
亮点一:中秋限量特价车。

1. 奔腾B50手动舒适版，原价9.28万元，现金直降1.9万元，优惠后最低7.38万元，仅限1台，典雅灰！其余颜色车型现金直降1.6万元送超值礼包！
2. 奔腾B50手动豪华型，原价9.68万元，现金直降1.6万元，优惠后最低8.08万元，仅限4台，黑色、银色！
3. 欧朗三厢1.5L手动舒适型，原价6.68万元，8.5折清仓钜惠，最低5.68万元起，仅限1台，白色！
4. 奔腾B70 9.98万元起，火爆销售中，到店试驾有礼！
5. 奔腾X80 2.0L手动豪华型，特惠价13.18万元，送5000元礼包（含原厂导航），部分现车，玛瑙红、北极白！
6. 奔腾X80 2.0L自动豪华型，特惠价14.58万元，送5000元礼包（含原厂导航），北极白，现车！
7. 奔腾B90 1.8T自动豪华型，售价15.58万元，综合优惠43000元！

亮点二：到店即送"精美礼品1份"，扫描公司微信，再赢礼品。

中秋节期间，到店即送"精美礼品1份"，扫描××公司微信二维码添加关注，还可额外获赠礼品！

亮点三：购车无忧。

1. 贷款购B50可享"首付30%，1年0利息"，最低首付2.2万元起！
2. 贷款购X80可享"首付50%，1年0利息"！
3. 贷款购B90可享"首付30%，1年0利息"！

亮点四：以旧换新，折上折。

超值二手车置换政策：二手车置换B50补贴5000元，二手车置换奔腾X80补贴4000元，二手车置换奔腾B90补贴5000元（奔腾品牌置换补贴10000元）。

亮点五：幸运100%，购车抽大奖！

双节同庆，感恩回馈，活动当天一汽奔腾××4S店不分车型，全有优惠，活动期间订车者更有机会获得神秘大奖，并且可参加店内抽奖，100%中奖，多重豪礼，限时钜惠。

"金九银十"，好戏连台。特价车型数量有限，赶紧拿起电话联系我们吧！

（摘自爱卡汽车网：http://newcar.xcar.com.cn）

第二节 汽车4S店的假日促销策划

在对假日促销有了一定认识之后，根据汽车4S店的实际情况来制定活动方案。

策划001：市场调查分析

通过市调调查，初步确定活动的主题、内容、时间和地点。

（一）确定活动主题

通过活动加深目标人群对本汽车4S店及其商品的理解与记忆。

（二）确定活动内容

活动内容根据主题确定，活动成功的前提就是内容要有吸引力，包括打折、免费赠送、尝试享受服务等，都是吸引目标人群必不可少的手段。

（三）确定活动时间

根据经验，大型活动选择公众节假日（如五一、十一、春节）举行，效果最好。

（四）确定活动地点

一般定在本汽车4S店卖场外的广场或周边社区内，注意现场要有足够的活动空间。

策划002：出台活动方案

根据调查分析策划活动方案进行投入产出分析，做好活动预算。

（一）活动前准备工作

1. 报纸

一般许多都市报之类的报纸都会有汽车专版，可以选择在专版板块刊发信息。利用报刊发布的注意要点见下表。

利用报刊发布的注意要点

序号	注意要点
1	活动信息一定要在当地发行量大且影响力高的报刊上发布
2	在当地报刊种类很少，无选择余地的情况下，可在发行量最大的报刊直接发布指定广告
3	提前确定广告发布日期，活动举办时间和广告时间间隔不超过5天，最后一期广告在活动前2天内刊出，不可与活动时间相隔太长
4	刊发可提高参与热情和人数的信息，如"活动在11：30开始，请不要太早排队"
5	注意要在广告边角上加上"活动解释权归××公司所有"内容，以避免带来一些不必要的麻烦

2. 电视

电视广告以滚动字幕或尾板方式配合，内容以介绍活动为主，辅以汽车4S店介绍或简单的商品介绍等内容。

3. 电台

电台没有电视直观，更没有报纸拿在手中长时间翻阅的优势。用电台传播信息一定要反复强调具有吸引力的内容及活动的时间和地点。几乎每个大中城市都有交通频道，这是汽车4S店做电台宣传的重要阵营。

4. 网络

网络普及已经是不言而喻的了。利用论坛、微博、QQ群等方式传播信息，当然也可以在易车网、新浪网汽车频道等与汽车相关网站公布信息，以达到信息传播最大化及有效性。

（二）活动现场布置

活动现场布置得好，可以使活动进行得有条不紊，增加活动气势和氛围，吸引更多人参与。以下物品是在大型活动中所必备的，如下图所示。

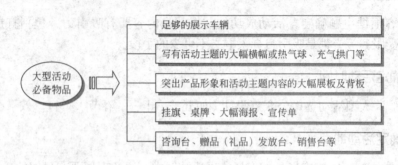

大型活动必备物品

（三）活动人员安排

① 安排足够数量的促销服务人员，并佩戴工作卡或绶带，便于识别和引导服务。
② 现场要有一定数量的秩序维持人员。
③ 现场咨询人员、促销人员既要分工明确又要相互配合。
④ 应急人员。

（四）活动公关联络

提前到工商、城管等部门办理必要的审批手续。

策划003：掌握现场执行要点

在进行活动策划时，需要注意掌握现场执行要点，具体如下图所示。

要点一	工作人员第一个到达现场，各就各位
要点二	宣传人员派发宣传单，介绍活动和产品，引导顾客至销售台
要点三	掌握好活动节奏，维持好现场秩序，防止出现哄抢和其他意外，以免造成负面效应
要点四	促销人员准备销售事项，介绍销售产品
要点五	赠品在规定时间发放不宜太早或太晚，发放时登记个人资料并签字
要点六	主持人宣布活动结束，现场暂时保留至可能时间
要点七	现场销售台继续销售
要点八	现场清理，保留可循环物品以备后用

活动执行要点

【范本】××汽车4S店年度节点营销活动方案

××汽车4S店年度节点营销活动方案

月份	活动主题	活动类别				预算
		区域性车展	店头活动	巡展	外展	
一	茶道与健康生活讲座活动		●			
	迎春节—一月购车订车抽奖活动		●			
二	我的最爱——春节联欢会节目竞猜活动		●			
	正月十五灯谜会活动		●			
	传达爱的蜜语——情人节购车献礼活动		●			
三	3月8日快乐女人购车节		●			
	3月8日购车做"香"车美人		●			
	3月8日丽人安全行车讲座		●			
四	奢侈品展厅鉴赏活动		●			
	迎五一,"贷"动梦想		●			
五	五一购车精彩无限活动		●			
	五一汽车服务乡村行	●				
	感恩母亲,温情祝福		●			
	母亲节——献给妈妈的爱		●			
六	六一儿童节——回味幸福童年		●			
	开心周末——家庭试驾活动		●			
	父亲节亲子同乐、购车同乐、保养同乐		●			
	父亲节——父爱如山购车回馈活动		●			
七	排队停车广告			●		
	汽车户外电影				●	
八	8月8日奥运周年嘉年华活动		●			
	竞品对比专场试驾				●	
九	高档消费场所赠送礼品活动					
	献给老师的爱		●			
十	乐享国庆假日,爱车检测活动		●			
	金秋国人庆盛世,奔腾豪礼节节送		●			
	中秋节购车——欢乐又团员		●			
十一	美丽大讲堂——冬季皮肤保养与车身保养		●			
十二	圣诞答谢晚宴		●			
	合计					

注:●表示属于此类别。

【范本】××汽车4S店全年活动方案

××汽车4S店全年活动方案

月份	日期	活动主题	活动内容
3月	3月1～15日	"自信女人,美丽随你行"	(1)即日起至3月15日,来店看车女性用户,均可获得纪念品1份 (2)即日起至3月15日,来店参与试驾的女士,均可获得精美试驾礼品1份 (3)即日起至3月15日,在4S店购车的女性客户我公司将免费为您的爱车安装倒车雷达,为您的安全驾驶保驾护航 (4)活动期间维修保养车辆金额满×××元,可获赠精美休闲毛毯一件;维修金额满×××元,可获赠精美床上用品四件套一份(不含保险定损、保修车辆)
	3月15日	3·15诚信宣传活动	××省工商局、省诚信会、××诚信会组织的车展活动,汽车宣讲、品牌推广、企业赞助等活动
	3月30日	××新春团购会	凡是3月30日前报名参加团购的客户均可享受超值团购价
4月	4月1～30日	俱乐部营销活动	活动期间购车送俱乐部积分,送维修基金,送装饰件,修车不花钱
5月	5月1～3日	五一汽车文化节	参加由××三套《最爱是车》栏目组织的汽车文化节活动
6月	6月1日	六一亲子活动	"放飞梦想心中爱车"亲子活动(儿童车身彩绘、绘画比赛、唱歌跳舞等)
	6月1～30日	燃情夏日,夏季送冰凉	与某家电集团开展联合营销活动,活动期间,根据不同车型送空调、冰箱等电器活动,提升销量,解决用户急需购买的家用电器
7月	7月1～30日	"××之夜"夏季社区路演活动	(1)活动组织形式:车辆性能宣介+现场互动+火爆表演+嵌入式营销 (2)参与人群:潜在客户、老客户、社区居民 (3)领取礼品、现场互动、节目表演、车辆介绍等
8月	8月1～30日	你买车,我养车	在活动得到厂家费用支持的情况下,对××的利润车型开展"你买车、我养车"活动,如活动期间购××款车,4年维修保养全免费(限××籍、××籍用户)
9月	9月8～12日	××汽车:首届××高校汽车文化节	(1)由高校汽车协会组成"××省高校汽车联盟",以"汽车联盟"的名义在学校举行"××省首届高校汽车文化节",××汽车集团以赞助方式参加。 (2)开展:现场展示、DM派发、网络宣传、教师专享政策、老客户荐友活动 (3)开展现场招聘会,为公司输送人才,为学校解决就业问题 (4)让汽车协会爱好者、汽车专业学生参加汽车活动知识讲解、汽车拆装等活动
	9月15日	情侣对对碰节油赛	(1)定量比赛:每辆汽车加入1升汽油,比较行驶距离,距离最远的嘉宾胜出 (2)定载比赛:每辆车加入1升汽油,满载4人,测试满载行驶距离 (3)定程比赛:每车加入1升汽油,在规定时间内行驶10千米,以耗油最少者胜出 (4)现场互动:你是我的眼,设置路障组成停车位,嘉宾倒车过程中不准使用车辆后视镜及倒车雷达,女嘉宾可下车提示,最快停车成功的嘉宾获胜
10月	10月1～7日	举国欢庆,感恩九重大礼等您拿	来店就有礼,看车有大礼,购车送豪礼。如国庆期间,××车型直降×××元,送×××元大礼包、维修基金,送省内1日游,送电影票,送装饰件,送油卡等活动,免费检测,工时费8折,材料费8.5折等活动
	10月5日	"天使之眼"送重阳关怀	联系××车主与电视台、报纸、汽车网等媒体开展"天使之眼"送重阳关怀活动,在××市敬老院开展慰问关怀活动,送温暖、送祝福、送带有××标志的日常生活用品、电器等,提高品牌知名度与曝光率
	10月17～22日	××第×届车展	认真组织车展活动,期间进行让利促销、精品展示、新车上市等活动

续表

月份	日期	活动主题	活动内容
11月	11月1~15日	温泉自驾游	凡在活动期间购××的车主可参加温泉自驾游活动，仅限车主和家人，预计30辆车，各大媒体全程跟踪报道，同时举行摄影比赛；宣传方式为软文、网络、店头、短信、车贴、温泉村横幅，提高品牌知名度、提高用户满意度、丰富生活
12月	12月1~15日	影院贺岁大片嵌入式营销	贺岁档通过与电影院合作进行电影票、POS、广告等交互投放进行展厅集客，电影票、电影院门口海报、展架、横幅、电影播放前贴片广告等宣传模式
	12月24日~1月3日	迎元旦，庆圣诞	圣诞主题车饰评比、圣诞小天使评比、圣诞花车展示、圣诞老人开车送礼、分秒必争；汽车排出的巨型圣诞树展示；趣味小游戏
	12月30日	携手并进再创佳绩——××团拜会	举办车主团拜会活动，邀请忠实用户50人、集团公司领导、厂家领导、公司全体员工组织大型团拜会活动，提高用户满意度

 【范本】××汽车4S店春节活动方案

××汽车4S店春节活动方案

一、活动主题

新年送豪礼，订车中大奖。

二、活动时间

×月××日~×月××日。

三、活动对象

×月××日~×月××日期间成功订购任意一款车型的客户。

四、抽奖时间

×月××日×时。

五、活动形式

文艺表演+抽奖。

六、活动地点

××汽车4S店展厅。

七、活动目的

1. 抓住节日商机，推出大型促销活动吸引客流，促进节日期间订单受注，刺激消费。
2. 拓展销售渠道，增加目标受众。
3. 扩大公司品牌知名度和美誉度，提高公司品牌在受众人群中的影响力。

八、奖项设置

一等奖：38寸等离子电视1台，价值8888元，1名。

二等奖：数码摄像机，价值2888元，1名。

三等奖：电热茶具、电磁炉、果汁机，价值388元，3名。

来店客人均有礼品赠送（维修工时券或精美小礼品，贺年类礼券）。

九、前期宣传

1. 短信告知：××月××日、××日分批次发送，各发送5万条。
2. 网络告知：××阳光网、××汽车网、××公司网站软文发布。
3. 电台宣传：××交通音乐台、综合频道。

4.报纸宣传：××日报、××都市报。
5.DM宣传：××日报、××日报、××都市报。
6.店头宣传告知：彩色喷绘、条幅、易拉宝、活动宣传单页。节日活动气氛的渲染。
7.销售员口头告知，客户互相传达。

十、活动日程安排

×月×日～××日，店头宣传布置，活动宣传，扩大活动影响力，增加受众群体。

×月×日～××日，准客户邀约。舞台背景的制作、音响、演员预约。活动奖品及礼品筹备。

×月××日，抽奖活动用品的筹备，舞台及活动场地搭建，活动当天人员安排。

×月××日，抽奖活动。

×月××日，活动总结，费用报批。

十一、抽奖活动流程安排

抽奖活动流程安排见下表。

抽奖活动流程安排

时间	具体事项	备注
10：00	再次确认邀约客户名单	欢快的背景音乐，主持人实时提醒
13：00	活动相关准备工作到位，签到台、自助餐工作人员到位	
13：30	客户到签到处签到，礼品发放，号码牌发放	
14：00	舞台音响、演员、主持人到位	
14：30	主持人致辞，介绍活动内容	舒缓的背景音乐
14：35	董事长致新年贺词	
14：40	公司领导致辞	
14：45	节目表演	
15：00	抽三等奖，中奖客户上台前礼仪小姐为其佩戴胸花	动感的背景音乐
15：15	颁奖，客户发表感言	
15：20	互动游戏	动感的背景音乐
15：30	抽二等奖，中奖客户上台前礼仪小姐为其佩戴胸花	
5：35	颁奖，客户发表感言	
15：40	节目表演	
15：50	互动游戏	
15：58	抽一等奖，中奖客户上台前礼仪小姐为其佩戴胸花	加强音效
16：05	客户感言	
16：10	领导颁奖，放礼炮	动感的背景音乐
16：15	所有中奖客户合影	欢乐颂
16：20	主持人致辞，活动结束	
16：30	客户自由活动，维修人员为客户答疑	欢乐颂

十二、活动费用预算

活动费用预算见下表。

活动费用预算

项目大类	项目小类	规格	单价	总价
活动宣传费用预算	短信发布			
	软文发布			
	店头喷画			
	条幅			
	易拉宝			
活动用品费用预算	舞台背景			
	舞台钢结构			
	地毯			
	奖牌			
	抽奖券（号码）			
	抽奖箱			
	礼炮			
奖品、礼品费用预算	38寸等离子电视			
	数码摄像机			
	电热茶具、电磁炉、果汁机			
	维修工时券			
演出费用预算	演出费用			
	音响租赁			
其他费用预算	自助餐饮			
	胸花			
	鲜花			
	签到本			

【范本】××汽车4S店元宵节活动方案

××汽车4S店元宵活动方案

一、活动背景

1.元宵节是春节后的第1个假日，也是中国传统历史上比较重要的假日之一。元宵节与春节仅有半月之隔，春节的影响还没有完全消失，有购车意向的客户大都春节前夕已经购车或提车，持观望态度的客户属于极少数，这部分客户对于活动的兴趣不大，邀请进店的难度增加。

2.众多4S店相继开业，促销活动也相继开始，竞争势必会非常激烈。

3.2月份属于年度销售当中的淡季，购车意向客户少，进店量少。

4.维持好老客户的关系，促进老客户转介绍，是当前创立品牌的重要途径。

二、活动目的

1.通过活动，促进少量仍持观望态度的购车意向客户向潜在客户的转化，加快库存车辆的清库，保证2月份的资金周转。

2.巩固老客户关系,提高老客户的品牌忠诚度,促进老客户转介绍工作。

三、活动概况

活动主题:略。

活动时间:×月××日。

活动地点:××汽车4S店展厅。

参加车型:××全系车型。

活动对象:已购车老客户、有购车意向的潜在客户。

活动内容:

1.邀约老客户重新进店,为老客户进行车辆检测,保证其春节过后车辆的正常使用,并且赠送假日小礼品(元宵)。

2.当天店面活动,进店赠送元宵,并举办猜灯谜赢礼品活动。对于猜出灯谜的客户,购车时可赠送相应的配件等礼品。

四、活动整体构思

(一)老客户关爱

1.邀约老客户进店,为老客户免费进行车辆检测,保证其在春节期间大量用车之后的车辆状况,并听取老客户的用车感受,及时解决老客户用车过程中遇到的问题,让老客户真正感受到××汽车4S店对客户的关怀。

2.向进店老客户赠送元宵等假日小礼品,并邀请元宵节当天进店参与猜灯谜等。

(二)店头活动

邀约购车意向的潜在客户来店洽谈,在给予优惠的基础上邀约客户参加假日猜灯谜活动,对于答对的客户可以活动灯谜上相应的配件和保养进行奖励,力争引起意向客户的购车冲动,促进订金的数量,为2月份的交车奠定基础。

同时凡进店客户均赠送元宵一袋,促进展厅流量。

五、活动执行说明

(一)活动日程推进

阶段\步骤	第一步	第二步	第三步	第四步	第五步
前期	制订活动计划	制作活动物料,采购活动礼品	布置活动现场,邀约客户		
执行				老客户关爱	老客户关爱
推广					元旦店头活动

(二)项目支持

项目支持见下表。

项目支持

项目	说明	执行部门	完成时间	责任人
活动物料	附表明细	市场部	2月3日	×××
活动细则	活动项目规范	销售部、市场部、售后部	2月3日	×××
活动政策	销售政策	销售部	2月3日	×××
礼品采购	假日礼品	客户关爱部	2月3日	×××
客户邀约名单	有望客户名单	销售部、售后部	2月2日	×××

续表

项目	说明	执行部门	完成时间	责任人
客户邀约	有望客户人员邀约	销售部	2月3日	×××
人员分工	人员具体活动分工	所有部门	2月3日	×××
现场布置	展厅布置	市场部	2月5日	×××
客户登记表	礼品登记表	客户关爱部	2月3日	×××

（三）人员支持

人员支持见下表。

人员支持

项目	负责人	项目	负责人
活动总调度		客户统计	
活动监控		客户接待	
活动总协调		收银	
活动现场布置			

六、资金预算

略。

七、活动效果预估

通过本次活动，巩固老客户对品牌的忠诚度和归属感，提高满意度，建立"口碑"营销的新渠道，促进老客户转介率，带动新车销售量的提升。同时促进集客，提高进店流量，为2月份的销售做好基础。

【范本】××汽车4S店三八妇女节活动方案

××汽车4S店三八妇女节活动方案

一、活动前期数据分析

略。

二、活动前期分析

活动前期分析见下表。

活动前期分析

模块	分析向导		目的向导	
	分析类别	分析项目名称	分析结果	问题确认
决策分析	展厅客流量分析（本周与历史4周对比）	到店客流量统计分析（分车型）	进店数据：本周各车型进店量下降	本周客流量下降，原因主要是，春节到来，客户消费热情被过年团圆所取代，所以客流量下降
		来电客流量统计分析（分车型）	来电数据：各车型来电咨询量下降	
	潜在客户数量分析	新增潜在客户数量分析（分车型）	建卡量：各车型建卡量均下降	
	成交数量分析	成交客户数量统计分析（分车型）	本周零售销量××台	
	战败数量分析	战败客户数量统计分析（分车型）	本周战败车型数量下降	
	库存分析	库存结构（各车型库存量及在途量）分析（分车型/库龄）	长库龄车型是××、××	

三、活动目的确认

（1）自××上市以来销量不是很理想，近期××库存较多，为促进上市的××销量而开展此次活动。

（2）通过活动的优惠力度和特殊形式，触动潜在客户购买欲，达成实际销售。

（3）结合销售部促销政策，开展以购买意向为目的的市场活动，提高××的潜在客户级别及成交转化率。

四、活动前期宣传方案

（一）活动工具包组合

活动工具包组合见下表。

活动工具包组合

五大渠道	工具	本次活动工具选取
广告	电视、广播、电台、短信/网络、平面广告/户外广告/特殊媒介广告/口言相传/展示广告	电台、网络
公关	媒体关系/赞助/危机公关	媒体关系
交互活动	店外活动/店头活动	店头活动
直复营销	直邮、人员直销/经纪人（代理）推荐/电话开拓/大客户开发	
销售促进	促销日/抽奖/特殊装备	促销日、抽奖

（二）活动目标

活动主题：略。

活动时间：××××年××月××日。

活动地点：展厅内。

（三）客户邀请计划

邀约对象：××月~××月订车、成交客户及××月~××月来电且成功建卡客户（邀约名单详见附件）。

邀请亮点："三月女人天，靓丽妇女节"抽奖送祝福活动。

邀约时间：3月5日（详见邀约总体管控表）。

邀请方式：详见下面邀约客户总体管控表。

名单筛选要点：以成交客户为主；订单时间长而车未到的客户优先；来电客户建卡后未到店的客户优先；结合库存以××客户优先。

邀约客户总体管控表

类型	客户分类	邀约客户渠道	邀约日期	成交客户邀约到达 15批			来电客户邀约达到 10批	
				首次短信	首次电话	二次核实	二次短信	早电话确认
潜在客户	随机进入展厅客户	话术邀约客户参与						
	已建卡潜在客户	1.客服部短信邀约	3月5~6日	9:00	11:00	16:00	17:00	8:30
		2.销售顾问电话邀约						
	报纸或网络报名客户	1.客服部短信邀约		9:00	11:00	16:00	17:00	8:30
		2.销售顾问电话邀约						

五、活动亮点分析

（一）受众群体范围

1.已建卡的潜在客户。

2.通过报纸、网络宣传，使客户到展厅内参加本公司组织的各种游戏，在活动结束后到试乘试驾区进行试乘试驾。

(二) 活动主题及当天亮点

1.通过"你了解我吗"现场活动游戏，答对问题最多的客户，可为自己所爱的人获得丝巾一条。

2.活动现场参与试乘试驾的女性客户，可获得美容代金券一张。

3.活动现场订车或成交的客户均可获得底盘装甲、全车镀膜等精彩礼品。

4.凡活动当天到达现场的客户均有机会参加"三月女人天，靓丽妇女节"抽奖活动，奖品设有不同金额的购车代金券、装具大礼包及购车送保养。

六、活动期间时间安排

(一) 活动前期安排

活动前期安排见下表。

活动前期安排

时间安排	事项安排	负责人	执行人	落实时间
3月5~6日	邀约客户			
3月6日	活动方案夕会告知销售部			
3月5日	场地确定			
3月6日	活动启动会			
3月8日	市场部：物料及场地布置（对活动邀约人数实时监控） 销售部：活动专属政策、提前备好试驾车辆 行政部：保安引导参与活动客户车辆停放 客服部：满意度后期调查			
3月5~6日	展厅布置			
3月5~6日	市场部对媒体进行邀约，同时对销售部潜在客户邀约进行监控			
3月7日	对活动前物料及名单进行确认和核对			

(二) 活动当天安排

活动当天安排见下表。

活动当天安排

时间安排	事项安排	负责人	执行人
8:30~9:00	活动前期人员及活动期间所用设施情况检查		
9:00~9:30	客户入场签到并到指定位置就座		
9:00~9:10	主持人开场		
9:10~9:20	××总经理致欢迎词并祝女士节日快乐		
9:20~9:30	歌曲表演		
9:30~9:50	客户有奖知识问答		
9:50~10:20	由美容讲师为客户讲解美容知识		
10:20~10:40	"你了解我吗"游戏互动（分两组，每组三对夫妇）		
10:40~10:50	舞蹈表演		
10:50~11:10	抽奖及颁奖		
11:10~12:00	客户试乘试驾		

（三）活动物料

活动物料明细见下表。

活动物料的明细

项目名称	具体说明	数量	费用	负责人	落实时间
条幅	内容：情定POLO+1劲情拼购劲取好礼；10米×0.9米的条幅，红底白字	1条			
宣传片	汽车宣传片，循环播放				
签到表	媒体、成交客户与潜在客户签到表分开	2张			
活动流程表（客户）	活动时间节点，各环节流程	50张			
易拉宝	市场价格、现行价格、活动价格、厂家政策、单店政策	5个			
签到桌椅		4个			
展车装饰红花	绸子围的红花	3个			
引导牌	"三月女人天，靓丽妇女节礼"	1个			

七、活动应急预案处理

（一）天气

提前关注活动期间天气预报，如遇大风或雨雪天气，造成客户稀少，活动将在另选时间进行。

（二）站立时间过长影响客户积极性

现场场地受限制，旁边可以容纳一部分人休息，控制讲的时间，增加趣味性和互动性。

（三）活动当天人员稀少

活动前期实时与销售部沟通邀约情况，并监控网络及报纸报名客户；如客户稀少，邀请进店潜在客户参与此次活动。

（四）现场用户投诉

发生用户投诉现场由×××解决，与销售总监一起及时将客户拉到安静处，避免给现场造成不好影响。

【范本】××汽车4S店端午节活动方案

××汽车4S店端午节活动方案
——快乐端午节，包粽子大赛

一、活动目的

提高保有客户忠诚度，增加与客户互动，促进客情关系，增加沟通机会，了解客户需求，增加潜在客户购买信息，促进成交。

二、活动目标

保有车主10位，潜在客户10组。

三、活动时间

农历五月初五（端午节）。

四、活动地点

××汽车4S店一楼展厅。

五、活动内容

1. 邀请客户参与我店包粽子比赛,并相互品尝。
2. 邀请客户参加折飞机比赛,回望童年。
3. 客户品尝自己亲手制作的粽子。
4. 免费全车检测,清洗车辆。

六、活动刺激诱因

与其他客户共同制作中华传统美食粽子并赠送活动礼品。

七、广宣策划

广宣策划见下表。

广告策划

广告宣传	预计媒体投放数量
××电视台	
××都市报	
××汽车网	
××日报	

八、活动费用预算

活动费用预算见下表。

活动费用预算

	媒体名称	版式	例价	折扣	实际价格	软文	软文价格	备注
媒体购买								
	其他							

	物料名称	数量	单价	物料名称	数量	单价
物料费用	短信招揽					
	水果					
	工具原料					
	物料制作					
公关费用						
其他费用						

九、活动总结

通过本次活动的举行,认识到自身能力的不足,希望下次将活动不断完善和提高,并将此类活动继续组织下去。

【范本】××汽车4S店七夕相亲会活动方案

××汽车4S店七夕相亲会活动方案

一、活动背景

略。

二、基本信息

活动主题：首届××杯七夕相亲会——寻找您身边的时尚达人。

活动时间：××月××日。

活动地点：××汽车4S店。

活动对象：××汽车意向客户、都市时尚青年。

活动目标：活动参与人数××人。

意向客户：××批次。

现场订交：××批次。

三、活动内容

总体规划：

1. 凡是前来参加活动的时尚青年男女，都会得到由××汽车4S店提供的蛋糕一份。希望能给前来参加相亲大赛的俊男、靓女们带来"寻找另一半"美好祝福。

2. 蛋糕做成汽车模型的形式，以××汽车的卡片为汽车模型蛋糕的车名牌，有宣传××汽车的效果，特别是男同胞在赠送新朋友时，看到此类情景，加深对购买××汽车的憧憬。

3. 凡前来参加活动的情侣，都可以获得××情侣手链一对。

活动一：

提前1周，布置展厅及七夕相亲许愿墙。该设置为信息发布区。客户可以将自己的图文资料和实物在此公布，以此来获得其他会员对自己的深入认知，增加交友机会。

图文资料和照片内容不受限制，可以是生活照，也可是艺术照片。由客户自己提供，也可由本店现场拍照。

客户可在自己的图文资料下方，写上自己的交友宣言或者对爱情的理解和憧憬等，以方便其他客户对自己的了解。

活动结束后，针对登记在许愿墙上的客户名单进行抽奖。

活动二：

为相亲报名者制作统一规格的相亲牌悬挂在活动现场，男孩相亲牌的边框颜色是蓝色的，女孩的相亲牌边框是红色的，相亲牌先按照男女进行分区，各年龄段也有对应的指示牌，以便相亲者最快找到心仪对象。

活动三：

为相亲报名者制作统一规格的相亲名片，相亲者可持相亲名片与对方交换，也可直接将其投到心仪对象相亲牌上的名片盒中。

活动四：

让您的父母、同事、朋友等陪伴，帮你参考和挑选理想的人选，做好现场"猎人"，在六大问题上把关（性别、身高、学历、工作、收入、家庭情况），如果和对方聊得较好，继续延伸，感觉不好时，根据约定的暗号，让接应的"外人"来电借故走掉，再找新目标。

活动五：

走上舞台，展示您的才艺和风采，讲述自己，表白心意。在舞台炫目的灯光下，必将获得更多相亲者的青睐！爱，就要勇敢地说出来！

选择部分相亲者代表上台展示歌唱、书画、舞蹈、朗诵等表演才能，增强参与性，为相亲者提供展示的舞台。

活动六：

12在中国是一个特别吉祥的数字，比如1年的12个月、12生肖、12星座等，有圆满之意。

12分钟交友活动是一项充满乐趣和新鲜感的交友活动。在活动中每一个参加者将分别与10位异性交谈，用不超过12分钟的时间认识一位新朋友，快速寻找有缘的他（她）。

活动分为两个阶段：在"红桌轮转"阶段，会员们主要采用阅读资料的方式来了解异性，寻找中意对象，每个人交流8分钟，然后轮换。每个会员都可接触到10组异性会员。

活动七：

第一次亲密接触，激情碰撞出爱的火花。

量身定做的体验项目，由会员现场报名参加，通过与异性间的配合共同完成任务，如默契大考验、踩气球、抢凳子等。

活动八：

现场配有婚姻指导师、情感顾问、现场咨询，帮助您克服交流障碍，提供人性化、个性化的专业服务。现场将安排热心红娘，了解相亲者的条件和需求，并积极牵线，撮合条件相当、需求匹配的相亲对象。

四、活动流程

活动流程见下表。

活动流程

时间	项目	负责人	备注
××月××日	（1）物料定稿下单并通知相关部门活动内容 （2）确定好活动具体内容	市场部	将活动内容告知各部门
××月××日	（1）物料落实到位 （2）礼品落实到位 （3）所有演艺人员到位 （4）各项环节模拟彩排 （5）客户邀约	市场部 销售部 售后部 客户运营中心	确定物料摆放位置，按各自时间节点安排到位
活动当天8：00～9：30	（1）清点所有物料 （2）召集所有人员开始准备 （3）客户休息区	市场部 销售部 售后部	互动节目、礼品派发
活动当天10：00	活动开始	市场部 广告公司演艺人员、主持人	每个环节安排专职人员负责，力争整个活动的每个环节连贯
活动当天		市场部	销售顾问分工安排——照片拍摄
活动当天16：30	清场	广告公司	其中礼品派发由销售顾问负责

五、人员分工

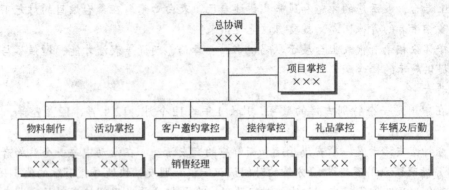

六、广告宣传

广告宣传见下表。

广告宣传

媒体	时间	金额/元	篇幅
××日报	8月3日	×××××	½彩色广告带招聘信息发布
××晚报	8月11日	×××××	½彩色广告带招聘信息发布
××日报	8月10日	×××××	½彩色广告带招聘信息发布
××汽车网	8月1~14日	×××××	页面活动报道
××网	8月1~14日	×××××	页面活动报道
××汽车网	8月1~14日	×××××	页面活动报道
××网	8月1~14日	×××××	软文发布
××广播电台	8月1~15日	×××××	30秒活动内容
××日报	8月10日	×××××	软文发布
××晚报	8月11日	×××××	软文发布
总计		×××××	

七、费用预算

略。

【范本】××汽车4S店中秋节活动方案

××汽车4S店中秋节活动方案

一、活动背景

略。

二、活动目的

刺激消费者，拉动销量，提高××汽车4S店汽车品牌知名度，广泛引导市场关注。

三、活动主题

"激情4S，中秋佳节大献礼"主题促销活动。

四、活动时间

××月××日。

五、活动地点

××汽车4S店。

六、活动对象

潜在客户、购车客户。

七、活动内容

1.促销活动期间，凡是购买指定车型，即可获得最多××元的优惠。

2.促销活动期间，凡是购买任意一款车，即可获得中秋佳节当日活动大礼品。

八、广告宣传

1.各大报纸汽车专栏大幅广告。

2.××电视台广告。

3.户外车载广告。

4.写字楼的电梯广告。

5.各大汽车门户广告。

6.短信平台。

九、活动预算

略。

十、活动补充问题

将人员进行责任分组，通力协做，做好应急预案的制作，对工作人员要陈述清楚活动目的及主旨。

十一、活动总结

活动结束之后，对活动效果进行评估。活动费用重新盘算。

【范本】××汽车4S店重阳节活动方案

××汽车4S店重阳节活动方案

一、活动名称

"游伟人故里·登×山高峰"重阳节活动。

二、活动时间

10月23日。

三、活动地点

××市。

四、活动对象

××汽车4S店客户。

五、活动目的

通过组织登山活动进一步促进与客户之间的交流。通过在重阳节组织活动，提升公司企业文化形象。增强××汽车产品的宣传力度，推广品牌。

六、部门工作安排

（1）市场部负责策划、组织本次活动。

（2）10月19日，客服部负责发短信通知客户本次活动邀约客户。确定参与人员后，

10月22日客服部负责发短信提醒客户活动时间与地点。

（3）10月19～21日为活动的宣传准备时期，销售部及售后部联系客户参与本次活动（客户到店时可现场进行活动宣传及招揽或通过电话形式联系客户）。

（4）10月21日，市场部负责统计参与活动客户的资料。

（5）参与活动的客户于10月23日在集合地点集中，统一出发。

七、费用说明

门票费、中餐费全免，路费、油费、停车费客户自理。

八、工作流程安排

工作流程安排见下表。

工作流程安排

时间	执行	责任部门	责任人
10月19日	发短信通知本次活动邀约客户	客服部	×××
10月19～21日	邀约客户参与本次活动（客户到店时可现场进行活动宣传及招揽或通过电话形式联系客户）	销售部、售后部	×××
10月21日	负责统计参与活动客户的资料	市场部	×××
10月22日	负责发短信提醒客户活动时间与地点	客户部	×××
10月23日	参与者在集合地点集中，统一出发	市场部	×××

九、旅途流程安排

旅途流程安排见下表。

旅途流程安排

活动时间	内容	备注
8：30前（路程时间：9：00～11：00）	参与者在集合地点集中，统一出发	早餐请自备
11：00～12：30	参观××销售中心	准备饮料、点心；接待人员等
12：30～14：00	午餐	品尝当地特色农家菜
14：00～16：00	登山活动进行中	××山生态区内，翠山环绕，一步一风景（最快登高前五名可获得奖品）
16：00～17：00	参观××故居	
17：00	活动结束	返回××

十、景点介绍

略。

 【范本】××汽车4S店教师节活动方案

××汽车4S店教师节活动方案

一、活动主题

××4S店欢乐之旅，关心教师家庭。

二、活动对象

大学教师（主要是有购买能力、购买需求的大学教师）及其家人好友（共1～3人）。

三、预计参与人数

80人左右。

四、活动时间

9月8日。

五、活动地点

××体育广场。

六、活动流程

（1）9月1～7日：公关及媒介宣传工作。

（2）9月3～7日：报名工作。

（3）9月8日7：30：所有参与嘉宾在××4S店集结。

为了吸引更多的大学教师参与到活动中来，并争取我们的车队在沿途起到更大的宣传效应，将出发地点定在××4S店。

（4）9月8日8：00××车队接参与教师。

届时用××的试乘试驾车辆和专用大客车将活动参加者按照预定路线接至活动现场。

（5）9月8日9：00～12：00到达预定地点进行试乘试驾。

（6）9月8日12：00～13：30抵达××温泉度假村，享用农家大餐。

（7）9月8日13：30～15：30趣味娱乐活动。

（8）9月8日15：30～16：00填写调查问卷。

（9）9月8日16：00～17：00返回××展厅参观。

（10）9月8日17：00～17：45购车咨询活动。

（11）9月8日17：45活动结束，送回嘉宾。

（12）9月8日以后每周一至周五：上门试乘试驾活动。

七、活动内容

1. 试乘试驾活动

时间：9月8日9：00～12：00。

形式：试乘试驾，进行绕桩、转弯、加速等各种性能体验。

2. 农家大餐

时间：9月8日12：00～13：30。

形式：在××温泉度假村享用农家大餐。

3. 趣味娱乐活动

时间：9月8日13：30～15：30。

形式：所有嘉宾参加，包括教师的家属、好友、孩子都能够参与其中，增强整体活动的吸引力。同时，我们的活动设置都是有关××汽车的信息，能够使参与者在趣味娱乐的同时了解××车，增强同××车的亲近感，从而促发购买欲望。

（1）××童星大赛

参赛者：在场的小朋友。

比赛方式：让参赛者扮演一次小汽车模特儿，与现场××车合影，在适当了解汽车性能的基础上回答观众们的提问，从中选出大家公认的最可爱车童，作为××童星进行奖励。

（2）爱车家庭装点大赛

参赛者：参加活动的各个教师家庭自愿报名（单身前往的可以自由组合成临时搭档）。

比赛方式：以上述家庭为单位，以我们事先准备好的汽车装饰品为原料，先由各队选择喜欢的装饰品，再用这些装饰品装点试乘试驾××车，最后评选出装饰得最漂亮的一

辆作为最佳爱车装点家庭。

（3）绕车接力大赛

参赛者：由嘉宾自愿组合，4人为一组。

比赛方式：每个长方形代表一辆××车（数量待定），敞开车门。游戏分组进行，每组一号队员依次穿过四部车的后座，并在穿过每一部车时按响汽车喇叭，在穿过四部车后将手中的旗子递给下一名队员，由他重复1次，依此类推；当4名队员全都完成时统计用时，用时最短的一组获胜。

（4）超级后备厢规划大师赛

参赛者：参加活动的各个教师家庭（单身前往的可以自由组合成临时搭档）。

比赛方式：预先准备好需要装进后备厢的物品，以家庭为单位，看哪个家庭能够在最短的时间内将最多的物品装进同一型号的××车后备厢。物品包括一家人都能用到，并能是嘉宾产生亲切感的日常用品，如毛绒玩具、滑板、高尔夫球杆、鱼竿、卷轴画、旅行袋、地毯、睡袋、帐篷等。这些物品在活动中都可以当作礼品赠送。

（5）小小雕塑家大赛

参与者：在场的小朋友。

比赛方式：让小朋友们按照××车型，用主办方准备的彩色橡皮泥捏出××车的形状，最后选出三名优胜者进行奖励，入选作品在××展厅橱窗中长期展示。

（6）汽车知识竞赛

参赛者：参加活动的各个教师家庭（单身前往的可以自由组合成临时搭档）。

比赛方式：在出发时将××4S店的宣传单发给每一个参加活动的家庭，知识竞赛的部分答案在宣传单上。

第一轮：必答题，题目是××4S店的产品信息及汽车常识，淘汰至七个家庭。

第二轮：一人比划一人猜，题目为有关汽车的名词及物品，淘汰至五个家庭。

第三轮：抢答题，淘汰至前三名的家庭进行奖励。

4.填写调查问卷

时间：9月8日15：30～16：00。

形式：问卷涉及参与者的汽车需求、习惯、购车理想、价格承受力、对××车的认识，最终将问题引向是否愿意在××4S店购买××车。依据此调查问卷我们将建立一个客户资料库，并从中发现最具购车可能的参与者并进行重点推荐。

5.××4S店展厅参观活动

时间：9月8日13：30～16：00。

形式：事先将××4S店展厅布置一新，增添和教师节有关的装饰物和悬挂品（如宣传漫画、有关教师的古语名言、活动旅途风景、欢乐时光、大家代表所有学生送给教师们的贺卡和献花等），在娱乐活动和试乘试驾活动结束后将所有参与嘉宾接至××展厅，由工作人员介绍××4S店、介绍××车。参观完毕，如果有购车想法可以继续进行咨询活动，其他参与者可以送回。

展厅的布置从9月7日就已经完成，使当天所有没有参加活动的教师都能到××4S店展厅体验××4S店对教师们的一份祝福和问候。

6.上门试乘试驾活动

时间：9月8日以后每周一至周五11：00～14：00。

形式：利用每天中午的时间，由销售顾问开试乘试驾车辆上门提供试乘试驾服务，同时为活动参与者赠送礼品。

八、优惠方式

试驾：上门试驾，试驾有礼。

修车：加赠免费机油机滤保养1次。

会员：免费成为××4S店汽车俱乐部会员，享受××市区内24小时免费救援等二十项会员服务及优惠政策。

活动：针对会员单位在××4S店购买××车的客户，由4S店出资组织一次自驾游娱乐活动。

买车：各款系列车型均有惊喜大礼包赠送。

九、活动宣传

1. 公关宣传

略。

2. 媒介宣传

略。

十、经费预算（活动前及活动当天）

略。

【范本】××汽车4S店国庆节活动方案

××汽车4S店国庆节活动方案

一、活动目的

1. 以"国庆节"为契机，通过策划一系列活动，进一步宣传企业的整体形象，提高企业的知名度和美誉度。

2. 通过国庆长假，最大限度地提高人流量、提升人气、扩大专卖店的销售业绩。

3. 累积客户信息资源，为日后组建"××车友会"或"××自驾游"等项目做好铺垫。

二、活动主题

主标题：破除旧思想，建立新概念。

二级标题：新概念由××4S店演绎，让汽车市场也来一场革命吧！全新概念车××汽车面世！

三级标题：举国欢庆革命成果，新中国××周年，××汽车4S店派送八重礼！

三、活动时间

9月30日至10月9日。

四、促销活动内容的设计

1. 一重礼：进店免费礼

无需消费，进店就有礼。活动期间内所有顾客凭单页进店登记后均可免费领取精美礼品一份。促销说明：活动期间礼品发放数量限前30名进店的消费者（预计10天300个）。

2. 二重礼：国庆特价礼

惊爆价，推出特价车，不参与其他礼品及服务活动，每天限购3辆。

3. 三重礼：购车豪华礼（特价车除外）

不同价位段的车型将会有不同的礼品赠送，购买高端车型的客户，将赠送豪华大礼包

一份。

4. 四重礼：国庆红包礼（工时费现金券）

凡是在活动期间的每天上午10点和下午4点准时派发国庆红包礼，红包派发方式从800元发至100元的售后服务工时费现金券，先到先得。

5. 五重礼：国庆现金礼（特价车除外）

活动期间凡购买正价车型的消费者凭购车发票或收据即可参加抓现金1次。抓现金单据当日有效，对已抓现金客户的单据由抓奖负责人注明"已抓奖，此单作废"字样。

6. 六重礼：以旧换新千元"豪"礼（特价车除外）

所有的客户，在活动期间享受以旧换新的优惠：凡以旧换新，可减免手续、上牌费、保险费等，还有精美小礼品赠送。

7. 七重礼：抽奖惊喜礼

为庆祝建国××周年之际，公司申请举办"××汽车4S店国庆汽车场地驾驶比赛"活动。同时也为回馈广大消费者对本店的厚爱和支持，特地在国庆××周年之际举行此次大型购车抽奖活动。

（1）活动期间凡购车的消费者均可参加1次抽奖活动。

（2）抽奖细则：将编号1～6的乒乓球放在不透明的箱子里，抽完一个编号以后，再将此编号乒乓球放入箱子里再抽，抽满6个为一组，即1次抽奖完成；每人只限抽1次；顾客抽奖时不得观看箱内，否则无效，不予兑换。

（3）本次抽奖活动建议共设置6个等级的奖励，具体设置按实际情况而定，建议多用本公司的工时现金券或汽车精品现金券等。

8. 八重礼：阳光服务礼（售后优惠服务工时费现金券）

凡是本店的客户，在"国庆节"促销活动期间都可以来专卖店免费享受清洗、打蜡等维修保养服务。并可以收到价值50元的售后维修服务现金券。

【范本】××汽车4S店圣诞节活动方案

××汽车4S店圣诞节活动方案

一、活动背景

略。

二、活动概述

1. 活动主题：浓情圣诞寻宝季——××首届咖啡节。

2. 活动时间：12月18～25日14：30～17：00。

3. 活动地点：××汽车4S店。

4. 邀约对象：潜在客户、基盘客户。

5. 活动规模：每场活动邀约客户60名，潜客与基盘各占50%。

6. 活动内容

（1）购车促销：活动现场订车尊享精品特惠专场，订车可参与精品/礼品1元拍，老客户介绍新客户购车，可获赠300元油卡。

（2）咖啡DIY：咖啡品鉴，亲自动手制作花式咖啡进行比赛，赢取咖啡礼包。

（3）展厅寻宝：客户在展厅签到集合，工作人员讲解活动规则，客户根据签到号码组队，4人一队，在展厅规定范围内寻找藏宝图，过关夺宝。

（4）暖冬"围脖"（微博）秀：到展厅与圣诞车合影并手机发送微博者，可现场出示发布的微博给工作人员，领取礼品一份。

（5）与圣诞老人同行：工作人员现场为客户与圣诞老人拍摄合影。

三、活动宣传

活动宣传见下表。

活动宣传

序号	项目	内容	负责人
1	内部宣导	业务部门员工知悉活动内容	×××
2	短信发送	筛选基盘客户、潜在客户	×××
3	电话邀约	销售顾问邀约潜客	×××
4	网络软文	编辑、发布	×××

四、现场氛围营造

（1）圣诞展厅氛围布置：藤条、波浪旗，英伦风格假日氛围渲染。

（2）活动海报、气球拉花、圣诞车装饰。

（3）西式下午茶：各色咖啡、咖啡制作器具、精致下午茶点。

（4）工作人员着圣诞老人装束，发送圣诞礼品。

五、物料清单

物料清单见下表。

物料清单

名称	内容、数量	支出/元
活动背景	背景架、立牌、喷绘、海报	×××
客户发放	胸贴、藏宝指南	×××
桌、椅	条形桌3张、椅子30把	×××
圣诞老人道具	圣诞老人衣服1套	×××
	合计	×××

六、奖项礼品

奖项礼品见下表。

奖项礼品

奖项	礼品	数量	支出/元
展厅选宝	第一名：车模+咖啡机	4套	×××
	第二名：背包+咖啡礼包	4套	×××
	红酒	4瓶	×××
	参与奖：咖啡杯	12套	×××
咖啡DIY	获胜奖：咖啡礼包	1套	×××
	优秀奖：马克杯1对	5对	×××
圣诞老人发送幸运礼	小礼品：糖果、气球、小挂件等	80份	×××
微博秀礼品	发送微博换礼品：打火机	若干	×××
	合计		×××

七、现场流程

现场流程见下表。

现场流程

时间	项目	详情	负责人
14:00	客户签到	展厅布置,客户接待	×××
14:30	开场预告	视频播放	×××
14:40	主持人介绍活动	活动环节介绍	×××
14:50	圣诞车介绍	展厅圣诞推广车介绍 优惠信息播放	×××
15:00	展厅寻宝	游戏规则、分队	×××
16:00	寻宝时间	各队拟队名、口号,成员介绍,开始寻宝	×××
16:20	颁奖	公布寻宝结果,各队颁发奖品	×××
16:30	咖啡DIY	介绍咖啡历史、客户自由选择调制,作品评选	×××
17:00	活动结束	客户洽谈、品尝咖啡茶点	×××

八、分工安排

分工安排见下表。

分工安排

项目	内容	部门	责任人
前期筹备			
内部宣导	各部门员工了解活动	各业务部门	×××
设计制作	活动所需物料设计、制作、布置	市场部	×××
物料采购	现场布置物料、客户礼品采购	市场部	×××
假日氛围布置	贴纸、挂饰	市场部、销售部、售后部、行政部	×××
客户邀约	销售部电话邀约潜在客户	各业务部门	×××
客户统计	汇总邀约客户名单	市场部	×××
短信发送	每周活动信息宣传	市场部	×××
软文发布	围绕活动主题预热及后期回顾	市场部	×××
活动现场			
总策划	活动整体规划	市场部	×××
总协调	协助现场各部门工作协调	市场部	×××
音频、视频	音响、投影仪等	市场部	×××
摄影	活动留影、客户拍照	市场部	×××
主持人	现场主持、协调		×××
客户接待	前台接待	客服部	×××
礼品管理	现场礼品递送		×××
圣诞老人	现场派发礼品、合影	行政部	×××
活动协助	现场与客户互动	销售部	×××

九、费用预算

费用预算见下表。

费用预算

项目	内容	数量	成本支出/元
活动物料	背景、海报、胸贴、圣诞老人服饰等	1批	×××
礼品采购	寻宝礼品、圣诞礼品（见上述清单）	1批	×××
DIY咖啡用具	咖啡机、杯子、咖啡粉等	1批	×××
餐台茶点	水果、点心、饮品	1批	×××
相纸	拍立得	5盒	×××
工作人员	用餐	5人	×××
不可预估	物料运输租车等		×××
	合计		×××

第三章
汽车4S店车展活动策划

- 第一节　汽车4S店的车展活动认识
- 第二节　汽车4S店参展活动策划
- 第三节　汽车4S店巡展活动策划

第一节　汽车4S店的车展活动认识

知识001：车展认知

（一）车展的定义及概述

车展，全称为"汽车展览"（auto show），是由政府机构、专业协会或主流媒体等组织，在专业展馆或会场中心进行的汽车产品展示展销会或汽车行业经贸交易会、博览会等。

车展是对于汽车工艺的呈现与汽车产品的广告，如同汽车制造业者和当地经销商的公共关系。消费者可经由汽车展览会场所展示的汽车或汽车相关产品，端详汽车制造工业的发展动向与时代脉动。汽车厂商则可以通过车展对外宣传产品的设计理念，发布产品信息，了解世界汽车发展方向。

车展包括国际大型车展、地域性车展以及汽车4S店车展。作为汽车4S店，主要参加的是本店所在城市的地域性车展，负责本店车展活动。

（二）车展类型

汽车展览主要包括以下几种类型。

1. 大型综合性汽车展

国内外厂商组织参展，展览面积在8万平方米以上。在中国众多汽车展览会中，最受瞩目的是北京国际汽车展览会和上海国际汽车展览会。

2. 区域性汽车展

区域性汽车展以国内厂商为主体，国际品牌多以代理商参展为主，展览面积在4万~8万平方米。主要的展会有华南地区的广州国际汽车展览会、深圳国际汽车展览会和东莞国际汽车展示交易会，杭州国际汽车展览会，东北地区的长春、沈阳国际汽车博览会，以及西南地区的成都国际汽车展览会。

3. 以省市招商为主的汽车展

这类展览会以国内经销商和国外品牌代理商为主，少量国内厂商参与，展览面积在4万平方米以下。此类展会，在数量上占一半以上。

4. 各种专业性、专题性汽车展

这种专题类展览会是汽车展览市场细分的结果，是汽车展览市场中更趋专业化的产物。就汽车展览会的起源与发展来看，这种大、中、小型结合，综合性与专业性结合的展览结构，对于推动国内外汽车界的交流、发展、合资与合作，繁荣地区经济，完善市场服务体系起到了积极的作用。

 活动案例 ▶▶▶

> **××汽车4S店5月1日进军××车展啦**
>
> 买上海大众、进口大众车，就到××汽车4S店。××汽车4S店20年经典传承，销售出的上海大众汽车一辆一辆连起来可绕××地区一圈！

××汽车4S店上海大众、进口大众车5月1~3日进军××汽车城啦！优惠等你来享！体验红牛车队赛车，另外买车即赠红牛饮品一箱。有意向上海大众的您，等了半年，这个机会终于来了，上海大众、进口大众车，您值得拥有！

● 团购车型：上海大众途观、波罗、朗逸、朗行、朗境、新帕萨特、途安、全新桑塔纳，进口大众途锐、夏朗、多功能商务车迈特威、甲壳虫、尚酷。

● 活动地点：××汽车城×× ~ ××展位。

● 团购时间：××月××日~××日。

● 团购区域：购上海大众客户凭身份证均可参加，进口大众不限区域。

（摘自汽车之家网：http://www.autohome.com.cn）

 活动案例 ▶▶▶

北京现代××4S店车展促销活动开始了

北京现代××4S店，在××××年××月××日到××月××日北京车展组办期间，举办"看车展·换新车活动"，活动期间购车有优惠，置换有惊喜！

一、置换有惊喜

置换北京现代任意车型即可获得最高6000元置换补贴。

二、购车有优惠

1. 全新胜达最高优惠3万元整。

2. 第八代索纳塔最高优惠4万元。

（优惠车辆有限，先到先得，订车从速）

（摘自汽车之家网：http://dealer.autohome.com.cn）

活动案例 ▶▶▶

超级越野风，你还hold住么？

艾叶飘香，时近端阳。一年一度的汽车界盛事——昆明国际汽车博览会将于6月23日在昆明国际会展中心举办。对各汽车品牌4S店来说也是一次同场"竞技"的比赛。聚人气、拼价格，各种演艺、礼品、优惠自然是必不可少的吸客利器！但尽管各汽车品牌使出五花八门的招术，拥有"SUV世家"金字招牌的广汽三菱又岂会放在眼呢？我们就是"不一样"！车展期间，广汽三菱更将全系车型大促销，综合优惠尺度高达4.5万！

不一样的风格——越野风强劲登陆

2000多年前，云南的马帮商队凭借坚忍不拔、勇于开拓的"硬汉"精神开辟出功绩彪炳史册的"南方丝绸之路"。2000年后，经历过"丝绸之路万里行"重重考验的"硬汉"新劲炫和新帕杰罗·劲畅来到云南，自当循着"南丝绸之路"的足迹，再次打造"硬汉精神"。

在本次昆明车展上，为打造"硬汉"的视觉盛宴。展台布置更是别出心裁，广汽三菱展台将以与众不同的风格亮相！模特走秀，铁汉柔情的搭配，在现场上会擦出怎么样的火花呢？敬请各位期待！

不一样的优惠——全系车钜惠放价

世界这么大，我想去看看！相信每个人心里都有一座大山，总想翻过这座山去看看山外面的世界。而地处云贵高原之巅的云南省，山地面积占全省的94%，地理上也确实是一个大山和深谷里的世界，要想走出云南"看世界"，买一辆硬派SUV，则能让自己底气十足，翻山越岭，想去哪都可以。

如果你迟迟没买是出于价格的考虑，现在好了，广汽三菱端午节后大放"价"，全系车型均有优惠！针对新劲炫，广汽三菱将给予2万～4万元购车综合优惠；针对新帕杰罗·劲畅，更将有4万元的优惠。并且车型版本越高，优惠力度越大！作为"丝绸之路万里行"官方唯一指定用车，新劲炫和新帕杰罗·劲畅都曾穿越15000千米，沿途经历沙漠、戈壁、冰川、高山等七种地貌，在长时间、高强度、多路况的行驶中展现专业品质，成功为车队安全护航。其品质值得信赖，绝对是"看世界"的首选！如今广汽三菱展台那么优惠，你不想来看看？

云南民族风情多姿多彩，广汽三菱展台也将融入大放异彩的民族元素。广汽三菱展台还将有"摇一摇"、1元竞拍等互动活动嗨翻天。移动电源、蓝牙音响、U盘、iPad mini届时"挥一挥手"就到"碗里"来了；车载冰箱、行车记录仪等"1元竞拍"就能价带回家！

号称"购车最佳时机"的昆明车展即将开幕，赶紧摩擦摩擦，瞅准时机带走"劲劲"吧！如果还准备畅游"南丝绸之路"这样道路尤为严苛的路线，不妨就让"劲劲"带着你，说走就走！广汽三菱恭候不一样的您。

知识002：巡展认知

（一）巡展的定义

巡展是指通过深入目标市场，开展现场宣传，达到广告促销效果的一种宣传活动。它具有针对性强、精细化、覆盖广、信息到达率高等优点。

（二）巡展的类别

巡展主要包括三种，一是总部策划巡展；二是大区策划巡展；三是汽车4S店自行策划巡展。

（三）巡展的目的

通过持续的活动达到迅速提升品牌在当地市场的知名度、认知度，最终提高口碑，促进销售。

（四）巡展活动的组成

巡展活动的组成如下图所示。

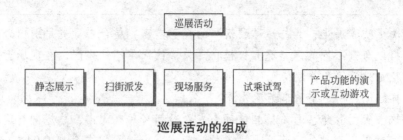

巡展活动的组成

（五）巡展的标准

汽车4S店根据当地实际市场情况选择巡展形式，如下图所示。

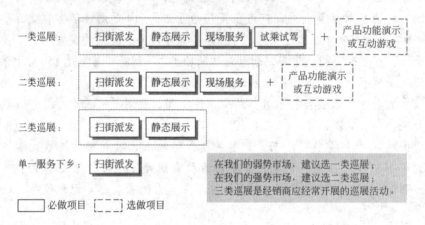

在我们的弱势市场，建议选一类巡展；
在我们的强势市场，建议选二类巡展；
三类巡展是经销商应经常开展的巡展活动。

巡展标准

 活动案例 ▶▶▶

"奥游四海"广汽本田××4S店巡展活动

五一，过去了！没买到××靓车的您后悔没有？没关系！广汽本田××店满足您的愿望！

1. 活动时间：5月1～10日。

2. 在××地区举行巡展活动，届时展厅可享受巡展同等礼遇！

3. 展厅与巡展同步礼遇。

4. 抢先一步：活动期间进店关注本店微信公众号即送精美礼品（人手一份，永不落空）。

5. 不减不休：广汽本田××4S店不减不休，指定车型巅峰优惠直减高达38000元！

6. 纯正用品在一身：活动期间购车可任选原厂精品一项（数量有限，先订先有）。

7. 换购首选：任意品牌置换歌诗图全系、雅阁2.4L享8000元补贴！置换雅阁2.0L X享5000元补贴！奥德赛全系享5000元补贴！

8. 节能我话事:第三代飞度1.5L CVT系列享受国家惠民补贴3000元!

9. 一手掌握:活动期间订车即可参与"银币一手抓",可抵减车价!

(摘自搜狐汽车网:http://guangzhou.auto.sohu.com)

 活动案例 ▶▶▶

会移动的4S店,东风风神小篷车巡展活动

您是不是因为工作太忙而错过了很多促销优惠购车活动?不用懊恼啦!现在东风风神××4S店将为您呈现"会移动的4S店"——东风风神小篷车巡展活动,此次巡展您不容错过,优惠政策依旧让您心动!钜惠礼上礼!折上折!

时间:×月××日~××日。

报名电话:略。

本次巡展汇集了东风风神AX7、L60、A60、A30、H30 cross、S30全部车型,优惠幅度非常大,一定会吸引到场客户的眼球。同时多重礼包和现场大奖将为您带来前所未有的意外惊喜。

××4S店针对网购人群开展了底价直销政策,网络客户可通过网络渠道直接获取当月优惠政策,为您省去烦琐的砍价环节,网络预约到店可额外享受"网购礼包","让您购车顺心,购车放心!"

(摘自易车网:www.qiche4S.cn/)

 第二节 汽车4S店参展活动策划

策划001:选择合适的车展

策划车展活动首先需要选择合适的车展,在平时的工作中,多留意各种车展信息。当然,不是所有的车展都需要去参加,一定是适合汽车4S店的,合适的才是最好的。在选定适合汽车4S店的车展类型时需要考虑以下一些问题。

① 这种展会是否能够很好地适用汽车4S店的营销计划?

② 展会期间汽车4S店有无其他安排?

③ 展会地点交通是否方便?

④ 参加展会的人员将有多少是本汽车4S店的目标客户?

⑤ 参加展会的人员有多少是本汽车4S店的现有客户?

⑥ 车展主办方采取哪些措施来进行宣传?

⑦ 类似的展会以前的成功率是多少?

⑧ 哪些竞争对手已确定参加车展?

> **特别提示**
>
> 在决定是否参加车展之前，可以通过电话、电子邮件向车展主办方了解情况，如有需要，可以亲自到实地进行考察之后再做决定。

策划002：阅读车展手册

在展厅登记过后，主办方会发一本小册子，将车展各方面信息进行详尽的介绍。因为小册子上提供的一些基本信息将直接影响到展销的成功与否。

汽车4S店要参加车展，必须向主办方了解相关信息，才能做到心中有数。一般主办方都会向参展商发放参展商手册，汽车4S店必须详细阅读手册。每个展会都会有不同于其他展会的条例规则，且以不同的文本呈现，难易程度不一致。车展手册基本信息主要包括以下几个方面。

① 展会基本信息。
② 展会安排。
③ 合同信息。
④ 登记、服务申请表。
⑤ 用电服务。
⑥ 场地安排。
⑦ 展品规格。
⑧ 住房信息。
⑨ 广告和宣传。

策划003：制定车展营销策略

车展是汽车4S店整体营销运作中的一个强有力的方面，是本汽车4S店整个营销计划中的一个重要组成部分，应该制定出短期和长期目标。

在决定参加车展之后，可以根据车展手册来制定营销策略，需要考虑以下几大类问题，具体见下表。

制定车展营销策略应考虑问题

序号	问题类型	具体问题
1	车展适合营销策略的有哪些地方	（1）想在现有市场内增加现有产品或服务吗 （2）想把现有的产品或服务投入到新的市场中去吗 （3）想把新产品或服务投入到现有市场中去吗 （4）想把新产品或服务投入到新市场中去吗
2	车展要达到什么样的目标	（1）要增加多少销售额或订单 （2）是否需要教育目标客户 （3）是否需要发布新产品及服务
3	汽车4S店想要展出什么	（1）是否需要展示新产品 （2）是否需要展示汽车4S店文化 （3）是否需要展示模拟生产线

续表

序号	问题类型	具体问题
4	谁是你的目标顾客	（1）目前客户是否还需要进一步交流 （2）参加的供应商有多少人 （3）是否有直接的消费者参加
5	展销预算怎样	（1）车展场地需要多少费用 （2）车展展览设计需要多少费用 （3）车展车旅费需要多少 （4）车展需要多少广告、宣传等活动费

特别提示

设定车展目标时，要确保其充足，以便能够在会后衡量其有效性。这里有一个数量合格的例子。收集100份合格的用户信息卡，会后3个月之内售出价值100万元的产品或服务。

策划004：决定场地及展览需要

展销策划中很重要的一部分是需要知道要多大的地方来摆放展品，这就如同先买一块地，然后再在上面建一所房子，两者的区别仅仅是在车展上所做的一切都是临时的。

（一）计算出需场地

在决定需要多大场地时，应该明确目标，更重要的是考虑预算。一些汽车4S店会首先考虑他们在市场中的规模，然后再相应地租用展会场地。

特别提示

展会场地一般以10平方米的倍数售出，最小场所为10米×10米。价格是以平方米计算的。车展越大，就会越有影响力，每平方米的价格就会越高。

（二）选择最佳位置

每个汽车4S店都想在展会上得到理想的位置，但是车展各不相同，最佳位置也会因汽车4S店不同而有异。

1.场地研究指导

位置选在入口的右侧或展销大厅的中央。调查表明，展销大厅右方和中央最能吸引人们。如果计划参加的车展每年都在同一地点举行，研究一下人员流动的模式，然后选择下一年的场所。

2.场地布局决策

决定场地之前，应和展会管理部门商讨展会的布局，了解哪些地方最具吸引力，行业的领导者位于何方，竞争对手在哪里，然后决定的位置。

> **特别提示**
>
> 在选择位置时,应该远离黑暗、不光亮的地方或死胡同,避免把展台设在厕所附近。

3. 展览室平面图细究

在查看展览室平面图时,需要使用一个放大镜,慎重对待平面图上的每一个标记。因为看起来像一粒灰尘的小黑点,可能是一根圆柱,一条横线可能就是低低的天花板。在预订场地前,要对平面图做到心中有数。

(三)展厅设计考虑因素

在车展中,一个独特的设计会更加吸引人的注意,汽车4S店展销的目的是为了招揽顾客,以便能够达到营销目的。因此,需要了解展厅设计时,需要注意以下事项,如下图所示。

事项一	展台的颜色和包装的质量应和汽车4S店的形象互为补充
事项二	可以用灯光来强调展出的产品,营造氛围
事项三	使用特殊效果来抓住参观者的注意力,如移动的物体、音响、魔术师、机器人、模特、条幅等
事项四	图示一定要简明扼要,并且要使用动感词汇,还可以采用汽车4S店的图标来表明身份
事项五	桌子放在边上,上面可以放小册子或其他资料,就不会在展台与走廊之间制造障碍
事项六	使用绢制花草的效果要好于使用真的花草,因为可以重复使用

展厅设计注意事项

策划005:签订参展合作协议

汽车4S店要与展会主办方签订协议,以保证双方权益。

策划006:宣传汽车4S店的展销

车展管理人员只负责向合适的人群宣传展会,但是,参观者在展会上做什么,到哪里去,却不在展会管理人员的控制之下。展销商有责任告诉参观者你们在展销什么,你们的展销处又在何方。

据调查显示,76%的参观者都是有备而来的。如果不知道你在展销,那么找到的机会将会十分渺茫,尤其是在大型展会上。所以,宣传展销便成为展销成功的一个重要因素。

(一)制订宣传计划

1. 制订计划需考虑的问题

制订一个高效的宣传计划,需要考虑三个基本问题,如下图所示。

怎样宣传才能使人们记住你的汽车4S店、汽车4S店信息、产品及服务？

采用哪些策略可以取得成功且可以衡量的结果？

怎样才能合理地分配你的预算？

制订计划需考虑的问题

2.宣传的内容

宣传应该包括以下几点，如下图所示。

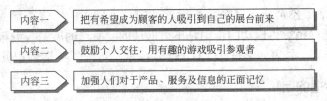

内容一　把有希望成为顾客的人吸引到自己的展台前来

内容二　鼓励个人交往，用有趣的游戏吸引参观者

内容三　加强人们对于产品、服务及信息的正面记忆

宣传的内容

（二）确定宣传计划

营销中非常关键的一部分是在展前、展中和展后进行宣传。大多数展销商都缺乏包括这三方面的计划。当然，决定哪些宣传活动及这些活动要花多少钱取决于预算。

1.锁定好宣传目标

展前宣传成功的关键是锁定好目标，即那些真正想走入你的展销处，想获取多一点的信息，想买车的人。展前成功宣传的形式很多，比较明确的方案是以不同的参观者为目标，见下表。

客户类别及特征

序号	客户类别	特征
1	主要客户	这组客户非常重要，占你业务量的大多数，大约是80%
2	其他客户	这组客户购买你的产品，但并非只与你们4S店有业务上的往来，这就意味着你还有机会争取他们更多的业务
3	有希望成为你客户的	这组人应该列在名单的首要位置。他们购买汽车4S店的产品只是个时间问题
4	其他有希望成为你客户的	如果汽车4S店肯把时间花在这一部分人身上，他们肯定会乐于买本4S店的产品

2.明白参观者的需求

宣传策划成功的关键是明白参观者的需求。参观者参观你的展览的第一原因是你的展品中有其所需要的产品。

（三）创造独特风格

当你准备去打一场宣传仗的时候，也许想创造出独一无二的风格能够使汽车4S店在市场中别具一格。为了设计这样的风格，请你询问自己以下三个问题。

① 汽车4S店展示的是什么东西，那样迷人、那样热门又是那么的与众不同，以至于人们都蜂拥到你的展台前来，争着买车？

② 汽车4S店采取哪些措施使自己强于竞争对手？

③ 汽车4S店对购买者提供的哪些东西有实际价值？如优异的质量保证、快捷运送、最低价格等。

（四）使用个性工具

宣传工具是与所希望的参观者之间进行交流的方式，使用宣传工具一定要反映自己的风格及代表汽车4S店的最好形象。

策划007：配备展销人员

汽车4S店的形象不会止于一个精心设计的摊位、别致的广告或给人印象深刻的宣传品。展销人员对于展销取得成功的作用是不可低估的。所选的展销人员就是汽车4S店的大使，态度、形体语言、外表和学识都会有助于加深来宾对汽车4S店的积极或消极的看法。

（一）挑选合适的团队

鉴于展销人员所扮演的重要角色，所以在挑选人员时要认真考虑。一般挑选以下几类员工参加车展，见下表。

挑选员工类型

序号	类型	说明	备注
1	有人缘	一般来说，喜欢和各种各样的人交流，好交际且待人友善，喜欢和别人建立友好关系，是优秀的团队协作者	
2	有热情、有朝气	作为汽车4S店的代表，对自己和所代表的汽车4S店持肯定态度，激情和热忱极富感染力，从而有利于销售进行	
3	有观察力	在车展上组织的所有活动中，展销人员必须具备能够观察出各种异样之举和非语言行为的能力	
4	良好的专业知识	车展不适合新手参加，新员工往往弄不清楚客户说的都是什么	
5	善于倾听	交谈中，参观者经常会露出他们有兴趣购买的口风。展销人员需要将100%的注意力集中在来访者身上，巧妙地问一些问题，注意对方回答	
6	能体谅他人	能够设身处地为参观者着想，对参观者表示理解、感激，并且想办法及时解决参观者要求及关心的问题	

（二）做好组团参展工作

组团参展就是参加车展的所有成员组成一个团体，这就需要做好各项协调工作。在展会前，组织一次团体会议，讨论问题。

1. 明确参展目的

解释说明汽车4S店参展的目的及汽车4S店想通过此次展会取得的效果。利用这个时间将汽车4S店展销的目的及目标告诉给员工。

2. 熟悉展销产品

让展销队伍知道计划展销的产品及其服务。如果汽车4S店想举办各种活动，一定要让员工们知道。

3. 制定个人目标

鼓励员工在展销总体目标的基础上树立自己的目标。每名展销人员都应该有一个个人目标。制定个人目标，可以使展销人员增强主人翁的责任感，改掉不良习惯，使他们自己的目的更加明确。

参加展销工作的员工也需要知道，根据每天的安排要求他们做什么。例如，汽车4S店希望他们和多少客户交流，希望他们得到什么样的信息等。

4. 掌握演示技巧

汽车4S店的展销人员要经过专业方面的训练，才能更加有效地进行展会工作。例如，需要知道如何演示展销产品和满足客户需要。不能因为他们是这一行业最优秀的销售人员就想当然地认为也是最好的展销人员。

策划008：召开展会前会议

在展会前的会议上，要和展销人员讨论展会上的四个步骤。

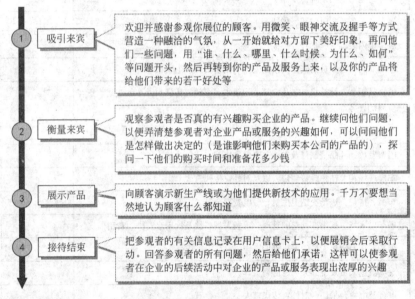

召开展会前会议步骤

特别提示

提醒团队注意"二八定律"，即用80%的时间倾听参观者说话，用20%时间自己说话。要努力去发现参观者的需求以便能够更好地给他们提出方案。

策划009：制定展会流程

汽车4S店参加车展前，就要明确展会流程，以便有条不紊。可以运用如下表所示展会流程表来予以控制。

展会流程表

工作大项	明细	截止时间	负责人
车展前期准备活动	活动策划案确定		
	场地确定、签订合同		
	现场表演团体确定		
	产品宣传资料准备、车身彩绘行架喷绘等广告物料制作		
	环保袋、礼品等的准备		
	模特、举牌小姐确定,车模服装、举牌小姐彩带		
	现场播放广告片准备		
	上市活动对外宣传稿、领导发言稿、现场有奖问答稿		
	少儿车身彩绘宣传单及报名表制作		
	摄像机及摄像人员费用确定		
	媒体的邀约及前期宣传工作		
	展车的准备(临时牌照、加油等)		
	展车车内装饰		
	车展期间销售人员的安排及接送安排、销售员照片上交市场部		
	销售员服装、计算机、名片、笔、记录本、车辆宣传资料及车展期间收集客户资料的任务等		
	客户邀约		
	门票发放、礼品表制订及发放、来电来店客户资料收集		
	车展现场相关销售政策制定,以及对外宣传代言人		
	布展、搭建,进场交纳卫生费、驳电费押金等		
	展车出入场、试乘试驾车的管理、现场人员餐饮及饮用水安排、费用借支		
车展期间管理工作	现场展车及销售人员的安排管理工作		
	现场演艺人员及主办方沟通协调工作		
	电台及电视台采访、对外宣传代言人		
	试乘试驾车管理、现场人员餐饮及饮用水安排、费用借支		
车展撤展	车展车辆撤展		
	室内场地板、灯柱及可拆物料撤展至4S店		
	室内接待台至×××店		
	室内参数牌至×××店		

策划010:编制车展内部执行方案

汽车4S店在进行前期活动策划时,最后一步就是编制内部执行方案。因为作为参展商,不仅要遵守展会主办方的相关规定,同时也有着自己公司的规定。

【范本】××汽车4S店车展内部执行活动方案

××汽车4S店车展内部执行活动方案

一、活动背景

略。

二、活动目的

以销量最大化为主要目的，××汽车上市的宣传为次要目的。

三、活动任务

项目	不及格	第一档	第二档	第三档
数量	2台以下（含2台）	3～5台	6～8台	8台以上

任务分解：

1. 展厅积累交车客户，活动现场交车（1台以上）。
2. 展厅积累意向客户，活动现场定车（2台以上）。
3. 非预约客户，活动现场定车客户（2台以上）。

根据上述分解，可以至少确保第一档任务的完成。

四、人员分工

组别	工作职责	人数/人	责任人	组员
总负责人	协助各组工作正常开展、把握时间节点	1		
联络组	1.组办方沟通协调 2.各组人员工作督促 3.各组人员调配	1		
销售组	1.产品介绍 2.价格谈判	3		
接待组	1.客户邀约 2.销售协助 3.客户登记 4.展区形象维护	2		
车辆组	1.车辆安全运输 2.洗车	3		
宣传组	1.现场DM单页发放 2.人偶服表演 3.现场活动执行	4		
后勤组	1.物资管理与发放 2.物资采购 3.交易支持	1		

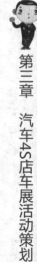

五、活动流程

（一）前期准备

项目	内容		执行人
客源完成	1.通知所有意向客户车展促销信息 2.活动3天每天邀约5组保有客户前来领取纪念礼品		
物料完成	展场物料	地毯、横幅、拱门、促销政策易拉宝、××汽车上市易拉宝、接待桌椅	
	车辆物料	车贴、车顶立牌、报价单、前后牌、相关表格	
	发布会物料	背景画、桩桶、警戒带、幕布、礼花、主持人、乐队、车模	
培训完成	针对性卖点培训	性价比、后轮驱动、非承载式车身、底盘	
	销售话术讨论	汽车销售中遇到的难点罗列出来，大家共同制定针对性话术	

（二）车展流程

项目	目的	时间节点	执行组	备注
		××月××日		
入场、布展	以最快的时间进入销售状态	12：00以前	销售组 接待组 车辆组 宣传组	
		午餐时间12：00~13：00		
气氛营造	DM单页发放	13：00~14：00	宣传组	必做
	卡通人偶走秀	14：00~15：00	宣传组	必做
	车展广播宣传	15：00~16：00	宣传组、联络组	选做
	试驾送礼	16：00~17：00	销售组	选做
		××月××日		
销售整备	1.展区及车辆卫生 2.当日工作梳理	8：30~9：30	全体人员	
气氛营造	卡通人偶走秀	9：30~11：00	宣传组	必做
	车展广播宣传	11：00~12：00	宣传组	选做
		午餐时间12：00~13：00		
发布会准备	揭幕车辆准备并保证安全	13：00~14：00	宣传组	
	礼炮准备			
	背景画安装跟进		沟通组	
	主持人、乐队和车模到位			
	发布会小礼品准备		后勤组	
上市发布会	炒作人气，宣传促销方案	14：00~15：00		流程另起
气氛营造	卡通人偶走秀	15：00~16：00	宣传组	必做
	试驾送礼	17：00~18：00	销售组	选做
		××月××日		
销售整备	1.展区及车辆卫生 2.当日工作梳理	8：30~9：30	全体人员	
气氛营造	卡通人偶走秀	9：30~11：00	宣传组	必做
	车展广播宣传	11：00~12：00	宣传组	选做

续表

项目	目的	时间节点	执行组	备注
	午餐时间12：00～13：00			
气氛营造	DM单页发放	13：00～14：00	宣传组	必做
	卡通人偶走秀	14：00～15：00	宣传组	必做
	车展广播宣传	15：00～16：00	宣传组、联络组	选做
	试驾送礼	16：00～17：00	销售组	选做

（三）××汽车上市发布会流程

时间：××××年××月××日14：00～15：00。
地点：车展现场主舞台。
物料：小礼品20份、新车幕布1条、纸礼花1对。
人员：乐队1组、走秀车模1组。

时间	项目	内容	备注
14：00～14：10	热场	乐队表演热场	聚集人气
14：10～14：15	热场	主持人热场，派送小礼品	
14：15～14：20	新车揭幕	新车上市揭幕	领导揭幕同时，放纸礼花
14：20～14：30	模特走秀及产品介绍	主持人产品介绍	模特走秀的同时进行产品介绍
14：30～14：35	红包派送	抓住人气，派送小礼品	
14：35～14：50	促销政策宣读	主持人	
14：50～15：00	乐队表演	开始接受预订	

注：礼品为盖有公章的礼品券，装入红包内。可凭礼品券到××汽车4S店展区换取磨砂杯一个。

六、促销政策及人员激励
略。

第三节　汽车4S店巡展活动策划

策划001：巡展目标策划

巡展是一个持续性、系统性的市场活动，活动前商家要进行SWOT分析，并根据分析订自己巡展的目标，规划巡展的地点，并排出执行计划。执行计划以月为单位编排，明确目标。

活动现场目标：
收集30个潜在客户和竞品用户的真实有效资料。
完成20份市场调研有效问卷。
巡展现场达成销售1台。
巡展中完成20位竞品用户的接待。
长期目标（需定期举行）：当地市场占有率提升1%。
展厅日平均来店人数增加3个人次或来电增加5人。

策划002：巡展时间拟订

如果是总部或大区巡展，那么就不用考虑巡展时间。如果是汽车4S店自行策划巡展，则要考虑时间的拟订。

汽车4S店自行策划巡展，可以考虑和其他促销活动同时进行，或定期举行，或配合总公司的宣传活动进行，但不宜过于频繁。

特别提示

天气因素也应重点考虑，雨雪天气、天气炎热、寒冷等巡展会降低宣传效果。

策划003：巡展车型挑选

① 有新品推出或对某产品进行大力促销时，总部会对各区域的巡展车型做出要求。

② 在没有新品推出或针对某产品进行大力促销时，则可以针对目标市场竞争对于销量好的车型挑选出相应车型开展巡展。

③ 总部市场网络部将于每季度分析出重点巡展市场应对车型，并发放到各销售服务大区。

策划004：巡展路线制定

路线和时间安排尽量合理，用较少的路线走尽量多的地方。制定路线者对当地的路线等情况必须熟悉。经过时间尽量选择在当地赶集、节日等人气较旺的日期。

策划005：巡展场地选择

在选择场地的时候应该尽量考虑可以做试乘试驾和产品功能展示的地方。场地选择一般以下列地点为主：各类批发市场、集贸市场、建材市场、商铺集中处、城郊结合的营运站点等。

（一）基本要求

巡展活动场地落实情况，汽车4S店在活动前3周确定场地及签订场地合同，连同场地照片及合同复印件，提交给总部项目组人员，方便总部安排活动档期。

一般在展具搭建前1天到达活动城市，汽车4S店负责场地联系的人员配合总部工作人员到活动现场定制好位置，并确定与场地方沟通好进场事宜，尽量减少展具搭建拖延，减少搭建成本。

场地大小根据总部要求，一般最少整套展厅占地面积200平方米（20米长×10米宽×5.8米高），因此场地方所提供的场地使用尺寸需在23米长×13米宽以上。即展厅四周留有3米宽的通道。

特别提示

场地选择建议选择市中心比较繁华及人流比较集中的大型广场,来确保巡展效果。展具搭建场地应选择远离空旷及招风的地方,减少风对展具所造成的影响。

(二)安全要求

① 汽车4S店要与场地方沟通,对展位的地面进行打膨胀螺钉入地面并用焊接技术,将螺钉与展具进行连接。

② 如场地方不允许进行地面焊接技术,则在展具四个边角寻找固定的建筑物,用直径不少于1.5厘米的麻绳或尼龙绳进行与固定建筑物连接。

(三)入场及撤场时间

展具搭建时间为当地举行巡展活动的前2天开始搭建,汽车4S店提前与场地方落实搭建时间问题。展具拆卸时间需要10～15小时,汽车4S店与场地方沟通及落实。

(四)地面要求

展厅场地地面必须平整,保证场地顺利搭建。

策划006:巡展人员培训

好的方案需要良好的执行,培训有利于执行,通过培训让活动人员明确各自的工作职责和工作内容,明确活动目的有利于提高活动效果。培训重点包括以下内容。

① 活动地点市场分析。
② 活动目的及针对性的策略。
③ 活动流程。
④ 工作内容、分工与职责。
⑤ 针对巡展地区用户特征有目的的销售话术讨论和提炼。
⑥ 应该是所用人员都参加培训(包括服务)。
⑦ 巡展前3天完成培训。

策划007:巡展物料准备

通过物料在活动现场的应用可以增加活动的气氛,积累更多的人气。对物料要求更加规范。在物料准备阶段应该注意以下问题。

① 列出物料清单,检查各种物料的制作与到位状况。
② 分配专人负责。
③ 考虑摆放和悬挂的难度并提前采取应对措施。
④ 活动所需物料必须保证规范、整洁。
⑤ 按时间节点检查物料准备进度。

策划008：活动客户邀约

邀约客户参加，可以增加现场的人气，扩大巡展的活动效果。客户邀约的对象为老客户、潜在客户、竞品客户。

（一）邀约方式

老客户通过在展厅信息人员以电话和短信的方式执行；潜在和竞品客户通过销售顾问在扫街的时候邀请。

（二）注意事项

客户邀约应注意以下问题，如下图所示。

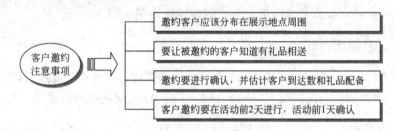

客户邀约注意事项

策划009：巡展信息发布

① 有条件的参展商可以在巡展前对活动进行线上宣传，比如报纸、软文和广播等活动信息告知。

② 微信公众平台信息发布、微博推广。

③ 活动前1天进行活动邀约，有条件的可提前对活动区域进行扫街宣传。

④ 活动前2天，短信通知当地客户。

【范本】××汽车4S店广场车展活动方案

××汽车4S店广场车展活动方案

时间：××月××日。

地点：××广场。

活动形式：车型展示+演出互动+现场抽奖。

1. 效果评估。

（1）全方位、多元化加之长期的本次车展活动与车型宣传，网罗爱车、用车、需要车的社会人士与高消费人群前来车展现场赏车、拍车、选车。

（2）全新品牌的亮相效果震撼显著，加速人气的积累与提升。

（3）车型与广大群众的零距离接触，直观地提升了新车关注度和4S店认知度。

（4）现场热烈气氛加促销活动促进车辆销售。

2. 展车数量：2～3辆。

3.巡展活动大致内容安排。
（1）舞台表演、时装走秀、现场互动、现场抽奖。
（2）关于车型有奖互动问答、现场互动等礼品为××汽车4S店提供的礼品若干。
4.现场布置：略。

【范本】××汽车4S店小区巡展方案

××汽车4S店小区巡展方案

一、活动概述

汽车小区巡展是一种最直接、最有效的营销方式之一，计划将于××××年6～8三个月期间，选择性地做巡回展览，通过该活动，直接与消费者建立沟通桥梁，开发市场潜力，提升××本地区的市场影响力。

二、巡展活动目的

××汽车保有量越来越大，汽车已经逐渐成为××市老百姓的普遍交通工具之一。因此，在小区做巡回展览，可以让××的服务项目及特点很直接地在消费者面前做展示，并且通过免费评估这样的"亲民活动"，直接拉近与消费者的距离，从而更有效地促成业务，尤其是车辆收购量，为旺季市场准备充分的车源。××市小区巡展方案实施几大理由如下。

（1）××市是××发展战略中的首要地区，需要充分开发，建立稳固的基地。

（2）××市人口数量庞大，百姓收入较高，车辆普及率高。

（3）汽车行业竞争越来越激烈，尤其是外地汽车连锁企业逐步进入××市场，××作为本土行业龙头企业，更需要拓展业务，稳固基地市场。

（4）费用相对较低，效果比较直接。

三、参展信息

活动主题：车辆保值率知识普及巡展。

活动时间：6～8月（间歇性巡展）。

活动地点：××市中心重点小区。

参展展位：户外展位。

活动对象：××市消费者、意向客户。

活动形式：免费评估、车辆展销、客户关怀。

四、小区巡展期间销量目标

小区巡展期间销量目标，具体见下表。

小区巡展期间销量目标

项目	收购客户/个	销售客户/个
客户资料（登记信息）	200	50
成交量	20	5

五、促销内容

1.免费评估，好礼大派送

任何客户只要登记后便可以获得1份免费的纪念礼品。

2.买车到××,惊喜享不断

小区巡展活动期间,在活动现场直接成交的客户,即可免费获得价值2000元的大礼包1份。

3.买车就送车,惊艳享不停

(1)活动期间现场购买任何参展车辆,就可以获得"××自行车"1辆。

(2)购买30万以上参展车者,还可同时获得价值1000元的大礼包1份。

(3)置换车辆,即获"三重大礼"。在活动期间,现场成功购车者,即可获得第一重大礼:汽车导航仪1台。第二重大礼:价值1000元的大礼包1份(连锁酒店、KTV、餐饮等消费券)。第三重大礼:××限量版礼品1份。

六、参展活动要点策略

1.如何集客

短信广告客户邀约,DM单页宣传,集客主要分为前期和巡展期间两个阶段,前期的密集短信及DM单页攻势;巡展期间展会现场"××DM单"派发全面覆盖参展小区。

2.如何留下有效客户信息

免费评估车辆,免费赠送礼品。

3.如何进行促销氛围营造

现场各类大力度的促销活动。

七、活动现场

1.派发DM单

让每个路过小区巡展区的客户收到来自××4S店的信息宣传资料。

2.礼品赠送

对观展、咨询、订单客户差异性派发礼品,吸引消费者留下真实个人买车的信息。

八、活动前期管控及执行

(一)工作分配

工作分配事项,具体见下表。

工作分配事项

负责项目	工作内容	负责人
车展方案培训	产品知识、促订技能、活动流程的培训、邀约话术和礼仪培训,怎样快速识别意向客户和把握客户的意向程度(有经验销售顾问讲解)	
产品知识强化及车展促订技巧,每款车型5分钟精妙话术	加强产品卖点的培训,同时加强车展快速签单的培训	
车展物料准备	所有物料的准备充分	
广告宣传计划与实施	各媒体的广告内容及宣传要点的制定与实施	
广告制作物料	广告公司进行制作和验收管控	
展具协助搭建	协助车展展具的搭建工作	
工作餐准备	统计工作人员人数	
现场展示	(1)负责资料的准备及现场派发 (2)客户的招揽和接待 (3)车辆的介绍及洽谈 (4)展车清洁 (5)车辆的评估	
交接管控	值班结束后务必把展场所有商品车钥匙交接到业务部经理处	

续表

负责项目	工作内容	负责人
车展现场管控	（1）现场统筹协调安排 （2）现场工作职责分配 （3）现场工作流程的安排 （4）处理突发情况	
展车准备	（1）驾驶车辆 （2）负责车辆的安全和维护	
DM单人员	负责在小区信箱内发放DM单	
服务台接待	负责留有客户登记，发放礼品和资料等	

（二）现场互动流程

现场互动流程，具体见下表。

现场互动流程

负责人	现场执行流程	相关文件或表单	工作内容描述
销售人员	接待客户	产品宣传资料及名片工具	招揽来展客户，向潜在客户介绍车辆详细信息及车展活动内容
收购人员	引导客户至接待区	评估表	登记客户基本资料及详细车辆信息
后勤人员	发放礼品	礼品发放登记表	后勤人员详细登记礼品发放数目并请客户签字

九、参展时间安排

参展时间安排，具体见下表。

参展时间安排

活动时间	事项内容
第一天（上午）	物料准备
第一天（下午）	单页的发放、现场布置
第二天（上午）	现场的宣传
第二天（下午）	现场的宣传、撤展

十、物料清单与费用

略。

备注：每次巡展所有物料都需由参展人员管理到位，每次结束展览后必须收好，放到后备厢，以便下次使用。

 【范本】××汽车4S店巡展方案

××汽车4S店巡展方案

一、活动主题

以静音挑战为重心，突现新车技术。在活动会场外设置分贝测试比赛场地，××在实地驾驶状况下通过视频同步传输并在现场播放静音测试全过程。

二、活动时间

9月13~14日。

三、活动日程安排

活动时间	10：00～12：00	14：00～18：00
第一天	媒体、大客户体验	高意向客户体验
第二天	高意向客户体验	高意向客户体验

四、场地简述

（1）面积：300平方米，户外帐篷。

（2）离市区大概45分钟车程。

（3）选择市区高尔夫球场、别墅区、五星酒店（饭店）等。

五、活动前期安排

（一）活动前期宣传

略。

（二）客户召集流程

客户召集流程，具体如下图所示。

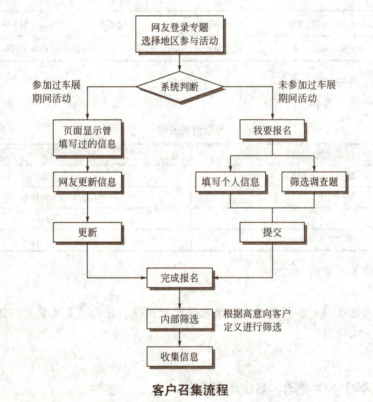

客户召集流程

六、巡展活动前准备

（1）礼品准备。汽车4S店品牌T恤、帽子、金属标及加油卡。

（2）再次客户到场确认并上报确认情况。活动开始前提前3天上报报名人数清单。

（3）巡展开始前对客户进行电话确认，描述活动详细信息。确认报名信息后，××通过站内短信通知报名成功，重复活动详细信息。

（4）在显眼、标志性地点先集合，统一开往现场。

七、巡展当天活动安排

（一）时间安排

（1）10：00～10：30客户签到。

（2）10：30～11：00客户参与既定时间活动（舞台流程）。

（3）11：00～11：30客户现场咨询、现场订车、4S店登记。

（二）活动规则

现场订车，送500元加油卡一张。

规则及操作流程如下。

（1）参加网上巡展活动报名并符合我们"高意向客户"标准的客户默认参加此活动。

（2）客户现场订车，签订协议（现场留签订协议复印件证明）。

（3）发放一张"模拟加油卡"。

（4）真正购车后将购车发票复印件及"模拟加油卡"邮寄至××，即可收到为此次活动特别奖励的500元加油卡。

此活动不可将名额转让，客户姓名、订车协议及购车人姓名需保持一致。

八、后续报道跟进及跟进工作

略。

第四章
汽车4S店会员活动策划

- 第一节　汽车4S店的会员相关知识
- 第二节　汽车4S店会员活动策划

第一节 汽车4S店的会员相关知识

知识001：会员业务价值概述

客户服务的最高境界是一对一服务，在力所能及的基础上充分满足客户需求。会员制服务为这一境界的实现提供了可能性。

① 在竞争激烈的前提下，只有通过会员制才能有效地锁定客户，减少投诉。

② 客户服务的最有效手段是不断地与客户进行沟通，会员制服务就是要解决沟通问题。

会员业务给汽车4S店和客户带来的价值，才能更加明确会员管理，具体如下图所示。

汽车4S店
- 促进整车销售
- 提升保有客户回厂率
- 吸引新客户来厂消费
- 刺激消费、增加营收
- 降低公关运营成本
- 树立品牌、增强竞争力
- 开拓增值服务

客户
- 服务品种增加
- 价格折扣
- 服务响应时间缩短
- 享受品牌、增值服务

开展会员业务价值

知识002：会员业务流程开展

汽车4S店要做好会员活动工作，必须掌握会员开展相关业务流程。

（一）会员入会流程

会员入会流程如下图所示。

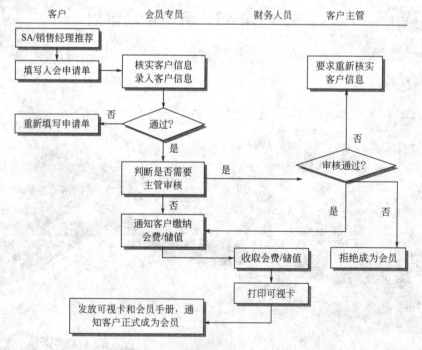

会员入会流程

(二)会员消费流程

会员消费流程如下图所示。

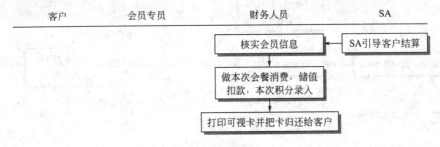

会员消费流程

(三)会员退会流程

会员退会流程如下图所示。

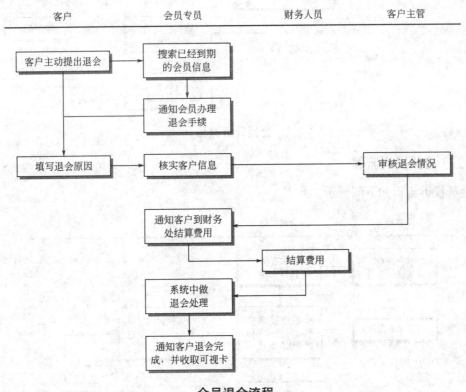

会员退会流程

(四)会员升级流程

会员升级流程如下图所示。

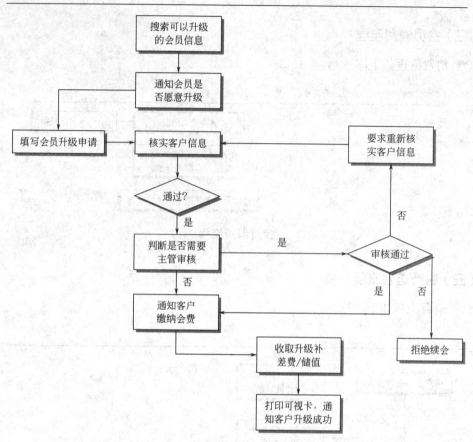

会员升级流程

（五）会员投诉流程

会员投诉流程如下图所示。

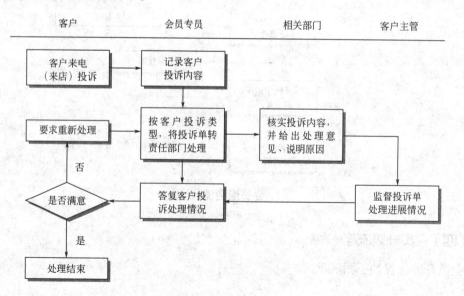

会员投诉流程

知识003：会员俱乐部管理

会员俱乐部是汽车4S店开展会员业务的主要管理部门，因此汽车4S店必须做好会员俱乐部管理工作。

（一）会员俱乐部认识

俱乐部本着为会员服务为目的，遵循一站式服务和专业化管理的经营理念，为广大会员提供一个以车会友、积极推进汽车文化发展交流的非赢利性平台。

（二）会员俱乐部框架

会员俱乐部框架如下图所示。

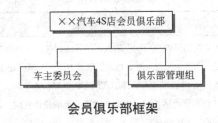

会员俱乐部框架

知识004：会员常见服务项目

（一）会员代办服务

会员代办服务包括定期保养提醒（提前1周）、车辆年检提醒（年检前1个月）、服务活动提醒（活动前1个月）、驾照审核提醒（提前1个月）、车辆规费提醒（以月为单位）、新车上牌代办、车辆年检代办、旧车交易代办、牌证补办等，会员可以选择短信、电话、电子邮件的提醒服务方式。

① 代办服务的免费是指免代办的服务费，仅限城区范围内，项目本身产生的费用由会员承担。

② 所有的代办服务均需在俱乐部规定的时间内预付相关费用，再行办理，俱乐部不垫付。会员未预付费用，俱乐部将不予办理并不承担任何责任。

③ 会员在向汽车4S店工作人员交接车辆实施代办服务时，均需签署委托单（含验车程序）。

（二）新车保险及续保服务

保险续保享受最低折扣优惠、对汽车投保进行科学的保险险种组合、对保险索赔进行实务指导、保险代理免服务费代办、保险理赔免服务费代办。

会员可以选择短信、电话、电子邮件的提醒服务方式。

① 俱乐部协办出险理赔的对象必须是已在本俱乐部参加保险的车辆。

② 俱乐部协办出险理赔的车辆必须在本4S店维修。

③ 俱乐部协办理赔时，会员需提供真实、完整、齐全的相关材料，给予积极的配合，并签订委托书。

④ 会员入、续会登记表缴费代办一栏内注明，出险后及时提供真实、完整、齐全的相关材料，并予以积极的配合。

⑤ 对非在本俱乐部办理车辆保险的会员，俱乐部也可提供协办理赔服务，但需收取总出险赔付额5%的服务费。

（三）会员贴心服务

会员贴心服务项目，具体见下表。

会员贴心服务项目

序号	服务项目	说明	备注
1	事故车、故障车现场抢修服务	（1）会员的车辆在行驶中陷入困境无法行驶，只要拨打24小时紧急救援电话，告知俱乐部卡号、姓名、联系方法、车辆所处地理位置等信息 （2）汽车4S店工作人员详细询问车辆故障信息，会员要详细、如实提供并积极配合电话指导，以免产生不必要的抢修费用。若客户不配合电话指导而产生的救援费用，由客户负责 （3）确实需要抢修，专业救援人员将在接电话后迅速赶至现场进行不解体、不换件的紧急抢修，使车辆恢复行驶 （4）外地抢修，过路、过桥、油费需按实支付	如因场地、设施等因素限制或因故障严重等原因致使救援人员无法现场修复的，则拖回4S店
2	拖车服务	（1）在救援区域内会员按照不同的会员类别享受相应的免费拖车服务 （2）如果拖车的范围超出救援区域，则按一定标准进行收费	
3	现场换装备胎	（1）会员需随车自备足气备胎 （2）如需俱乐部提供轮胎，须事先说明车型、排量及钢圈、铝圈等情况，换新胎的材料费自理，工时费收费标准根据会员不同类别的相关标准执行	
4	紧急送油	会员车辆在行驶途中遇燃油用尽，自己无法解决时，致电24小时服务热线可获得送出汽油，油价按市价收取	

知识005：会员入会升级

（一）入会方式

汽车4S店不是靠卖会员卡来赚取利润，因此对于客户入会，不要设太高的门槛，而是要让全部的保有客户加入到会员俱乐部。

入会一般有销售入会、带车入会、消费入会、驾培入会、交会费入会五种方式。

（二）会员卡办理

会员要入会，第一件事情肯定是需要办理会员卡。会员卡办理流程，如下图所示。

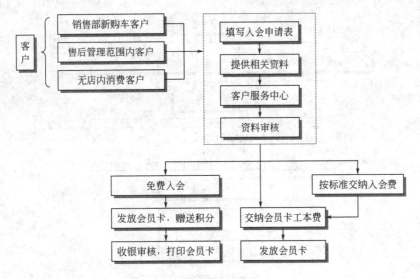

会员卡办理流程

（三）入会卡级别确定

基于80/20法则，对客户以往消费数据库进行分析，客户享受的会员卡级别参照客户以往对公司的忠诚、利润贡献度大小来决定。

（四）会员卡分类

会员卡可分为（钻石卡、金卡、银卡等），按卡类别配备相应的服务包。

（五）会员资格期限

会员资格有效期为1年，会员资格到期，续会可以采用缴纳续会费、使用卡内积分抵扣（如用500积分）、续保金额在一定金额以上（如续保金额在3000元以上）等方式。

（六）会员升级

普通会员升级为高级别会员条件，可以采用累计消费积分达到升级条件时，直接进行升级；以一定的积分进行抵扣升级为高级别会员；入会后有1次正常维修金额在5000元以上等方式。

知识006：会员积分计划

积分是为了奖励会员长期、重复、大额的消费行为，是用远期的回报来鼓励客户当前的消费。

（一）会员积分管理

汽车会员积分管理方法如下图所示。

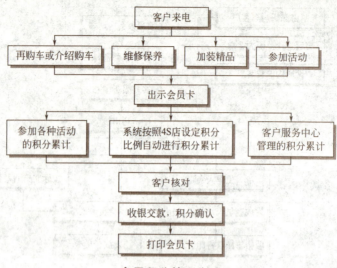

会员积分管理方法

会员积分实行累计积分和可兑换积分的双轨积分模式。

1. 累计积分

累计积分不但可以用来升级会员级别，还可用来分析客户忠诚度、贡献度。

> **特别提示**
>
> 当一个会员累计积分达到升级条件时，汽车4S店工作人员将通知车主会员来店做升级服务，当升级到更高的会员级别后会员可享受更多的维修折扣和免费服务。

2. 可兑换积分

车主会员可用积分兑换代金券或礼品。

（二）会员积分换算

根据会员消费类别的不同定义不同比率的积分换算比率，如正常维修定义为1元钱兑换积分1分；可定义保险公司付费的不参与积分。可以根据客户的消费类型定义多种不同的积分换算比率，保证积分换算的灵活性和可配置。会员积分兑换管理方法如下图所示。

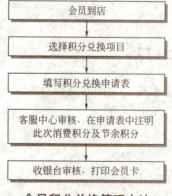

会员积分兑换管理方法

(三) 会员优惠及礼品兑换

会员入会后按统一规定的服务包为车主提供服务,若车主会员在4S店消费累计积分达到了规定的优惠等级,如累计积分达到1万分享受工时8.5折优惠,当可兑换积分达到5000分可领取手机一部,礼品兑换后相应的可兑换积分会减少。

【范本】××汽车4S店会员卡折扣优惠

××汽车4S店会员卡折扣优惠

会员级别 服务内容	标准卡	银卡	金卡	钻石卡
维修工时费	9.5折	9折	8.5折	8折
维修零件费	原价	原价	原价	9.5折
购买精品	9.5折	9折	8.5折	8折
汽车美容项目	9.5折	9折	8.5折	8折
车辆年审	9.5折	9折	8.5折	8折
洗车	500分	500分	免费	免费
拖车拯救	10千米免费	15千米免费	20千米免费	30千米免费
维修保养	优先	优先	绿色通道	绿色通道
代步车使用	无	无	优先	优先
关怀服务	生日贺卡及礼品1份	生日贺卡及礼品1份	生日贺卡及礼品1份	生日贺卡及礼品1份
积分兑奖	享受	享受	享受	享受
介绍购车	赠送10000分/台	赠送10000分/台	赠送10000分/台	赠送10000分/台
续保积分	赠送1000分/台	赠送1000分/台	赠送1000分/台	赠送1000分/台
车主联谊活动	优先	优先	优先	优先
会员培训	免费	免费	免费	免费
有效期限	1年	1年	1年	1年

不同汽车4S店所规定的会员积分计划是不一样的,以下是××汽车4S店积分获取和使用规定,仅供参考。

【范本】××汽车4S店积分政策

××汽车4S店积分政策

一、积分获取

1. 会员在4S店每消费1元现金,积分1分。
2. 每参加1次俱乐部组织的活动,奖励积分500分。
3. 会员在汽车4S店进行续保,其续保金额1/2可兑换为积分。
4. 普卡会员充值金额在1000元以上可获相当于充值金额的积分,金卡会员充值金额在

1600元以上可获相当于充值金额的积分。

5.成功推荐新的购车客户，推荐一人奖励积分3000分，推荐第二人奖励积分4000分，推荐第三人奖励积分5000分，以此类推进行奖励积分。

6.特殊消费的积分标准详见店堂告示。

7.积分达到10000分，普通会员可以升级为金卡会员。

二、积分使用

积分兑换时间：每月20日后。

积分兑换要求：积分大于1000分方可兑换，卡到期后不足1000分则清零。

积分兑换礼品：每月1～20日公布。

积分的使用可抵充升级/兑换精品，可在俱乐部举办的活动中抵扣部分现金。

【范本】××汽车4S店会员卡积分兑换项目

××汽车4S店会员卡积分兑换项目

会员积分/分	奖品设置
500	装饰小公仔
1000	精美台历、香水
2000	CD袋、胎压计
3000	头枕、雨伞、车用指南针
4000	水晶蜡、室内清洁护理、多功能工具箱
5000	打普通蜡、四轮定位
6000	燃油清洁剂、蓝牙耳机、车载电话
7000	真皮座椅清洁护理、水晶蜡
8000	室内清洁、发动机护理
9000	全车研磨打蜡、空调免拆除臭
10000	车载冰箱、车载吸尘器
20000	底盘防锈、封釉
30000	防爆膜
50000	车载DVD、GPS一套

 第二节　汽车4S店会员活动策划

策划001：常见会员活动

通过对会员活动开展，一方面加强客户同汽车4S店的紧密度；另一方面为车主会员提供一个集娱乐、交朋识友、结识商务伙伴于一体的互动平台。

汽车4S店可以组织会员活动，包括组织同行业会员联谊，组织会员自驾游，组织会员与其他公司联谊，组织单身车友玫瑰之约，组织野餐、烧烤、秋游活动，组织车友迎新春文艺晚会等。

 活动案例 ▶▶▶

北京现代××4S店积分换礼活动开始啦

为感谢新老客户对北京现代××4S店的信赖与支持，值此迎新年之际，特举办会员积分换礼活动。凡本店会员客户，持卡在店内做维修保养，所产生的费用均可转化为有效积分，参与本次积分换礼活动。

只要您卡内积分大于500分，您就可以带着一份精美礼品回家。时间紧迫，礼品数量有限，赶快开着您的爱车来××4S店行动吧。

一、积分兑换流程

客户持卡到店，在客服部查询积分，兑换礼品时积分在系统内进行相应的抵扣。

序号	积分/分	兑换礼品
1	500	玻璃水
2	1000	泡沫清洗剂
3	1500	汽车摆件
4	2000	转向盘套
5	3000	香水座
6	4000	钥匙包
7	5000	头枕一对
8	6000	车载吸尘器
9	7000	车载充电器
10	8000	旅行水壶
11	9000	车衣
12	10000	电热水壶
13	15000	乐扣套装
14	20000	商务拉杆箱

二、活动日期

××月××日～××月××日。

另：保养和维修提前1天预约也可享受会员折扣，机会不容错过，赶快行动起来吧！

我们的预约热线：××××××××。

（摘自汽车之家网：http：//www.autohome.com）

"景逸X5侠客行——壮美西南　自由征程"活动车主招募

1. 活动说明：

如果你不出去走走，钢筋水泥的喧嚣就是你世界的全部。

如果你甘于朝九晚五，循规蹈矩的生活就会在你生命里演绎一生。

勇敢地打破常规，走出去，让旅行改变自己，你变了，你的世界才会变。

景逸X5，作为国内首款加大号城市SUV，上市1周年以来，凭借1.8T的强劲动力、宽适的驾乘空间、205毫米的高离地间隙，深受业内人士以及消费者的好评。"心自由，行自由"，一直是其品牌主张，用自由唤醒对旅行的渴望，在旅行中探知世界，发现自己。

景逸X5，美丽中国任我行第二季之"景逸X5侠客行——壮美西南自由征程"自驾活动，是2013年主题活动"美丽中国任我行——重走丝绸之路"的延续。此次活动，将延续第一季"心自由，行自由"的理念，通过自驾的方式探求精神层面的自我。

如果你酷爱自驾旅行，如果你也有一颗仗剑走天涯的自由之心，欢迎走进景逸X5为你敞开的西南之旅，侠客征程。

2. 招募对象：景逸X5会员车主。

3. 招募时间：×月××日~××日。

4. 线下自驾时间：×月××日~××日。

5. 自驾路线：

重庆—绵阳—成都—雅安—泸沽湖—丽江—长江第一湾—虎跳峡—香格里拉—丽江—洱海—大理古城—昆明—宜良县—石林—曲靖—晴隆县—贵阳—遵义—娄山关—重庆（实际路线可能根据自驾过程中天气状况、路况等实际情况发生改变）。

6. 报名方式：略。

7. 需提供的材料如下。

√姓名、年龄、联系方式。

√想去自驾旅行的原因。

√参加活动的车主需为年满20周岁及以上中国公民，持有效中华人民共和国驾驶执照，具有2年以上驾驶经验。

√健康状况良好的证明。

报名所有内容需真实，有优秀写作经验、摄影经验者优先。

8. 报名方式：

参与者可与"景逸X5侠客行——壮美西南自由征程"活动方进行联系。

联系人：×××。

联系电话：××××××××。

活动案例

东风标致"蓝色关爱 清爽随行"活动开始了!

××××年××月××日至××月××日,东风标致特开展"蓝色关爱 清爽随行"系列回馈活动,三重夏日特惠,刷新夏季清凉新体验,让您夏日养车超省心!数量有限,先到先得。

消暑第一招:芯净自然凉——这个夏日,应对酷暑有妙招!东风标致夏日净芯套餐为您秒杀车内"无形杀手",使车辆空调在炎炎夏日运转自如,让您安心清凉过夏天,活动期间夏日净芯套餐直降100元,更有全系夏季凉垫8折优惠,使您惊喜一夏!

消暑第二招:惠诊清爽行——夏日爱车体检,您上心了吗?别忘记给爱车做个体检,调整好各项"状态"与"指数",和爱车一同享受一个舒适健康的夏天!活动期间"夏日爱车体检计划"三大惠诊助力夏日清爽出行,参与检测后进行维修更换即享超值折扣、价格直降等惊喜优惠!

消暑第三招:刷新安全感——严酷夏日,您负责释放激情,我负责助您肆意前行!让东风标致变身为您的随行安全管家,不仅给您高透光、高清晰的行车视野,更有安全出行全纪录为您免除后顾之忧,只留纵情驾享。活动期间行车记录仪最高直降200元,太阳膜焕新升级,更可享直抵1000元优惠!

消暑三招,让您清爽一夏!

更多精彩内容,欢迎东风标致车主到东风标致4S店体验我们的贴心服务,我们将恭候您的光临!

运营002:车主自驾游活动策划

汽车4S店自驾游活动的策划,要确定以下内容。

(一)路线选择

① 根据参加车型和会员的驾驶技术,选择线路和景点。
② 尽量避开旅游高峰期,如果确定要去,最好"打时间差",在节前或节后去,避开熙熙攘攘的游人,这样才能充分享受到自驾乐趣。

(二)制订路书

① 每天详细行程安排。
② 根据详细的交通地图册,选择行驶路线,计算行驶里程。
③ 开车路线(包括途经的地点、里程、道路特点等)。
④ 途经的景点风光简介、食宿安排等。
⑤ 整个行程的费用,包括保险、收费、导游、门票、住宿等。

(三)时间安排

在进行时间安排时,一定要预留好机动时间。
① 整体日程安排上,应该本着前紧后松的原则。自驾车旅游过程中,有可能因道路、

天气或车辆故障等原因耽搁行程,所以最好不要把行程安排得过满,应留一定的机动时间。

② 即使在路面条件良好的情况下,一天的行程也最好不要超过600千米。

③ 每天早些出发,尽量不要安排赶夜路,以确保行程安全。

(四)联谊游戏、活动

① 事先设计一些互动节目,准备一些实用的节目小奖品,将给自驾游增添不少意想不到的乐趣。

② 设计的丰富节目,让车主们在自驾游过程中,不仅体验到了爱车的卓越性能,欣赏到了秀丽的自然风景,同时还增进了彼此的了解,结交了不少新朋友。

【范本】××汽车4S店自驾游互动节目

××汽车4S店自驾游互动节目

活动一:绕杆刺球

1.活动规则

在规定的时间内(事先由工作人员驾驶车辆预测正常行驶所需的时间),参赛者(两人一组)驾驶××汽车绕过路面事先固定的竹竿(8~10个,呈S形排放),并由副驾驶将竹竿上捆绑的彩色气球刺破,在规定的时间内刺破气球数量最多者胜出。活动人员需提前报名领号,并按号参加比赛。

2.活动目的

充分展示××汽车的驾驶灵活性及易控性。

3.活动奖励

一等奖1名:价值×××元奖品。

二等奖2名:价值×××元奖品。

三等奖3名:价值×××元奖品。

活动二:高跷抢答

1.活动规则

邀请会员向专业表演者学习踩高跷,并在高跷上抢答"××有奖竞答",中途从高跷上滑落者将被取消答题资格。共计10题。

2.活动目的

通过"××有奖竞答",让会员进一步了解××的产品特性和功能特点;借助"踩高跷"的民间习俗,可以给竞答活动增加新意,并吻合"农庄游"的活动主题。

3.活动奖励

每答对一道问题者,奖励价值×××元的礼品一份;答对问题者还可以继续抢答以后的问题。此外,由观众评选出踩高跷表现最佳的参赛者给予"特别表演奖",奖品价值×××元。

活动三:水杯快运

1.活动规则

在车队出发前,由工作人员给每位驾驶员发放一个水杯(可专门定制,并在杯上印制××标志),杯内装满水,但不盖杯盖。用绳子将水杯固定在第一排(或最后一排座椅的椅脚，待到达活动目的地后，由工作人员统一逐辆汽车收集水杯，并标志车辆的号牌，杯中水位高者胜出。在酒会之后统一颁奖（活动规则应在出发前向参加自驾游的人员予以说明）。

2. 活动目的

展示××汽车行驶途中的平稳性（可在其他非××车辆上放置同类水杯，最后展示给大家观看留存的水位，应该比××更少，并以此有力说明××汽车的平稳性能）。

3. 活动奖励

一等奖1名：价值×××元奖品（或奖金）。
二等奖2名：价值×××元奖品（或奖金）。
三等奖3名：价值×××元奖品（或奖金）。

活动四：装箱比赛（新版）

1. 活动规则

由16名客户各自组成四组，每组4人，在规定的时间内往××快运中堆放同等规格的纸箱，比赛结束时，车辆中存放纸箱数量最多的一组获胜。为增加互动的趣味性，可在各队搬运的其中一个箱子里（工作人员可做好记号）事先摆放一个鸡蛋或其他易碎品。如果比赛结束后，装箱最多且易碎品未破的一组胜出。易碎品损坏的一组在成绩中扣除5个箱子。

2. 活动目的

突出××快运超大空间的特色。

3. 活动奖励

一等奖1组：价值×××元奖品（或奖金）。
二等奖1组：价值×××元奖品（或奖金）。
三等奖2组：价值×××元奖品（或奖金）。

活动五：摄影比赛

1. 参赛者

凡参加本次"自驾游"活动的所有人员均可参加。

2. 形式

由车主自带相机，自由拍摄，形式不限，内容不限。

3. 评奖

返程后统一由市场部负责跟踪、收集（数码相机拍摄的照片须冲印成照片），然后组织评比，分别评出一等奖1名；二等奖2名；三等奖3名。

4. 奖金

一等奖：×××元（也可折换成相应的奖品）。
二等奖：×××元（也可折换成相应的奖品）。
三等奖：×××元（也可折换成相应的奖品）。

（五）具体行车路线推荐

选择行驶路线的原则是，最好多选择高等级公路和国道，这些道路一般都有比较完善的路标和加油站等服务设施，同时最好能避开拥挤的道路，这些都有助于避免各种意外情况的发生。

（六）活动装备

活动前必须告知所有参加的会员需要准备哪些装备，俱乐部为大家准备哪些装备，可以让大家有充分的准备。

1. 必须携带的物品装备

必须携带的物品装备见下表。

必须携带的物品装备

序号	类别	说明
1	衣物	根据行程时间提醒会员，天气会有变化，携带必要的防寒衣物
2	行车证件	身份证、驾驶证、行驶证、购置税、养路费
3	摄影/摄像器材	应注意电池、存储卡、录像带、胶卷是否充足
4	通用随车维修工具	应付一般换胎等简单紧急维修
5	手电	参加驾车游，不论是否有夜晚行动，带上手电应成为一种习惯

2. 为会员配备的设备

汽车4S店应该为会员配备的设备见下表。

汽车4S店应该为会员配备的设备

序号	类别	说明
1	对讲机	为每一部车配备1台对讲机，方便联络及车内聊天
2	车载GPS	为每个小组配备1台导航系统
3	车载电源	有了电源，驾车行程中手机充电、看DVD、用电脑等就不用发愁了，"俱乐部"将为每一部车配备1套车载电源

3. 建议携带的物品设备

① 随身药品。会员根据自己的身体情况携带防晕车、防过敏等的药品。

② 保温杯（桶）。旅途中喝些热水是非常舒服的，建议会员携带不锈钢保温杯（桶），可以泡杯热茶或热咖啡。

（七）注意事项

① 必须与所有人员签订自驾游安全协议书。

② 出发前提醒会员给车加满油，并且必须检查好车辆的润滑油、助力油、刹车油、冷却液、轮胎气压、备胎、灯光等。

③ 提示会员仔细阅读路书，在车辆依次编号之后，各自熟悉一下前后车辆的颜色和车型。

④ 出发前要安排会员测试对讲机、检查电池，保证行驶过程中对讲机工作状态良好。

⑤ 提前约定会员上路后必须听从组织人员的安排，按编号依次行驶，遵守交通规则，不要随意超越前车，以免发生危险。尽量做到统一行动，若途中有特殊情况，及时与服务车及工作车联系。

⑥ 到达目的地后，组织人员安排会员依次、有序地将车辆停在指定位置，并提醒会员离开车辆时将车门锁好，车内不宜放贵重物品，以免遗失。

⑦ 为保证安全，要提醒大家进入景点后必须跟着导游和团队，以免掉队，做到走路不看景，看景不走路，大景不放过，小景不流连，拍照不要慌，先对身后望。转换景点前

组织人员必须清点人数。

⑧ 提醒随行会员，不要随便进入未开发的景区，以免迷失方向。游山不宜背负太多行李。

策划003：车主课堂培训活动策划

举办车主课堂，旨在通过培训提高车主对本店车辆性能的了解，提高车主对汽车养护的正确理解与正确操作，增进车主之间及车主与4S店的交流沟通。向车主宣传安全常识和使用常识。通过相关活动和知识讲座，从单纯的产品宣传层面向品牌价值过渡，有力地提升品牌在客户群体中的美誉度。

（一）确定课程内容

针对新购车客户，内容包括简单的汽车构造常识、功能键的操作使用、维修保养规定及索赔规定、维修保养流程、安全知识、使用常识、日常保养和维护、保险理赔、节油技巧、车主之声。

（二）确定培训专家阵容

销售专家、售后专家、保险专家等。

（三）报名方式

利用客服系统，以短信或信件方式，通知客户开课时间、地点、课程内容，根据自店情况，确定报名方式。

（四）积分奖励

每参加一次车主课堂活动，可获得1000分的奖励积分。

【范本】××汽车4S店汽车自驾游活动方案

××汽车4S店汽车自驾游活动方案

一、活动目的

1.进一步树立××品牌形象，向会员全面推介××汽车。

2.配合新款××汽车的上市，使广大消费者尤其是目标客户及时了解新品的全面情况。

3.通过此次活动加深老客户对新款××汽车的印象，提高目标客户对品牌的向心力，从而最终达到提升品牌知名度、促进新款车型销售、扩大××影响力的目的。

4.突破以往新品上市举办新闻发布会的传统信息发布模式，使客户在独到新颖的活动中亲身体验××汽车的高性能、高省油性，达到自然的口碑广告宣传效果，有力地补充新品推广的广告宣传渠道。

5.夏日结伴出游，将令汽车4S店和相关客户及媒体之间的关系更加亲密，同时，也可以收集到更多、更准确、更真实的市场反馈信息，以利于汽车4S店更好地开展市场推广工作。

6.如果此行效果良好，可不定期地开展这一活动，通过系列活动的方式不断增进汽车

4S店与客户之间的感情。具体活动人数可以根据实际情况而定。

二、活动时间

6月下旬（双休日）。

三、活动主题

略。

四、活动地点

略。

五、活动对象

1.××汽车4S店所有会员。

2.媒体人员。

六、具体操作

（一）前期准备

（1）前期宣传：在××杂志上进行××新品的前期宣传，预告"××一日游，××伴我行"的活动信息，引起广大受众对此次活动的关注。

（2）由销售部人员联系会员及有购买意向的客户，并说明××汽车自驾游的相关事项。

（3）车辆准备：老车主自驾车（是否需要客户加满油需要待定），公司提供免费检测服务。

（4）其他人员驾驶汽车4S店提供的××汽车。路线图分发各客户。

（5）汽车4S店对报名参加自驾游的人员进行筛选、确认，并决定最终来宾名单（参加人员是否可以携带1名同行人员需要待定）。

（二）活动线路

起点：××汽车4S店。

终点：××××。

路线：可根据市场推广需要决定行进路线，考虑到双休日车辆较少，可以适当选择一些繁华地点经过，以扩大××的品牌影响。

（三）活动内容

1.前期准备

（1）8：00所有会员在××汽车4S店集合。

（2）8：00～8：45，工作人员负责对车辆停放位置统一安排，并逐一对参加自驾游的车辆及人员进行登记，相关人员对来宾车辆以及所有参加自驾游的××汽车进行统一装饰，张贴印有活动主题和××标志的车身贴，并对车辆进行编号，在车头及车尾醒目位置张贴号牌。工作人员向每位参加自驾游的人员发放行进路线图和活动注意事项说明。

（3）8：45召开简短的活动说明会（介绍行进路线、注意事项等）。

（4）9：00车队从汽车4S店出发，按计划路线至××（或其他活动地点），车队领队人员及陪驾人员由汽车4S店统一安排。

（5）10：30～11：00车队需行驶1～2小时（根据道路交通情况而定），有车辆掉队或出现任何意外时，车队将继续前行，由活动服务保障人员负责处理相关事务。所有车辆都在按编号行驶，不能私自超车和停车，通过红绿灯路口时，通过和没通过的车辆均必须报告，通过的车辆须慢行等待未通过车辆，如有其他事宜，须和总领队随时联系，应保持整个车队队型一致，以安全驾驶为第一原则，同时也可以更好地展示××品牌的整体形象。

2.活动当日

（1）11：30，车队到达目的地，进入活动场地，车辆驾驶人员到工作人员处签到，领取资料袋和纪念品，同时报名参加各项游戏，各项游戏将以展板形式在签到台处予以宣传（在发放传统纪念品的同时，也可以考虑发放一些当地的特产等）。

（2）11：50客户进入主会场，汽车4S店领导致辞。

（3）11：55～13：00酒会（可特意安排一些当地最具特色的农家菜，以突出农庄游的别致之处）。

（4）13：00～13：20客户自由交流、休息。

（5）13：20～15：00户外互动活动——旅游景点，××竞技场。

（6）13：00～15：30客户游览当地景点（可根据实际情况选择一两个景点游览）。

（7）16：00活动结束，车队返程。

七、出行注意事项

（1）自备个人生活卫生物品、户外休闲旅行服装、换洗衣物、旅游鞋、棉袜等。

（2）公司配备晕车灵、止泻药、创可贴、感冒药等，其他药品自备。注意行车中不能使用含扑尔敏成分的药品，以免影响安全驾车。

（3）个人自备饮用水、零食、相机等旅游物品及身份证、驾驶证、行驶证、车辆使用税、保险费单等与车及车主有关的证明材料。

（4）自驾车装备包括千斤顶、后备胎、专用维修工具、易损零配件一批、备足油量、车况的安全检查（油路、电路、刹车、底盘、转向盘、冷却液、车灯等）。

（5）所有参与活动者，必须严格遵守有关规定及工作人员安排，注意安全，忌酒后开车和疲劳驾驶，切勿擅自脱离队伍活动，以免发生意外。

【范本】××汽车4S店车友会活动方案

××汽车4S店车友会活动方案

一、活动目的

通过现场的布置、节目安排及人员的讲解，吸引目标客户群体，提升客户对此次活动的关注度和项目的认知度。从车友聚会中，扩大××汽车俱乐部影响，提升××汽车俱乐部的知名度。与此同时传播××汽车4S店车友俱乐部的文明形象和氛围，提高××汽车俱乐部的商业价值。

二、活动主题

以车会友，我们天涯共知己。

三、活动时间

略。

四、活动场地

酒店会议厅、多功能厅。

五、活动内容安排

（一）场内主要活动节目

1. 开场舞（水鼓舞）

水鼓集声、光、水为一体，激昂的乐曲、鼓动的节奏、激情四溅的水花、优美的舞姿、魅力无限的灯光频闪效果，演绎出灿烂振奋的舞风和鼓韵，给观众目不暇接的视觉冲击和审美享受，充分体现了不断攀升、不断探索、不断创新的情结和生生不息的群体精神风貌。

在大型活动现场，一场水鼓舞预示着接下来的生意兴隆，红红红火。以中国红为底色，承托出现场火热的气氛，嗨翻天的人气，是造势活动的绝佳选择。

2. 互动近景魔术

舞台表演虽然显得神秘，却总与观众产生距离，舞台魔术师们也在努力"互动"，但总体仍在台上。近景表演则不同，它和观众零距离，如此难度除更需手法干净、一招一式天衣无缝之外，还必须靠语言来引导观众，方能完成设计严谨的节目流程，这与中国小戏法的表演不谋而合。艺人们的手和口（说白）融为一体，使人在感到亲切、幽默、风趣的同时，平易中发生了奇迹，产生互动效果。

互动近景魔术，不必耗费巨资，却能使我们平凡的生活闪出火花。魔术对普通人来说不再是遥不可及，近景魔术可以成为不同国籍、不同种族之间通行的"世界语"。它将是你用魔术的神奇让你轻松与人交往，与众不同！

3. 现场乐队表演

热情的乐团表演贯穿全场，使活动从头至尾不再单一枯燥，在乐团的烘托下可以更好地烘托现场氛围。

4. 互动抽奖

车友聚会，美酒美食之余，欣赏节目之中，主持人现场活跃气氛，台上台下互动，抽取幸运大奖，幸运车友翻动抽奖墙墙面（奖品以优惠券、纪念意义小礼品为主）。

5. 车友现场才艺大展示

各地车友，在共同爱好者面前，展示个人魅力，释放往日生活压力，使餐会气氛再次达到高潮。

（二）礼待天下（送礼品、美食）

参与的各地车友，品尝美食的同时，可以凭借邀请函都将获得现场赞助商纪念品一份。

场内活动形式如下。

1. 冷餐酒会会场布置

冷餐酒会入口，放置花篮以及以车友会为主题的宣传展板，花篮要求以红艳为主，象征这次的冷餐酒会的成功，并设置贵宾签到台和礼仪小姐，贵宾签到后，由礼仪小姐带领贵宾踏着红地毯进入会场主活动区。

2. 嘉宾活动区域

要配置会场秩序人员4名和6名传餐服务员，身高要170厘米以上。

3. 主持人台

主持人的选择对于一场冷餐酒会相当重要。邀请有实力的乐队，在酒会进行到必要的时候配合适当的音乐，以起到烘托气氛的作用。

4. 冷餐长桌以及香槟台的配置

冷餐长桌的配置大小也很有讲究，每张长7～8米，可以根据嘉宾数量配置相对数量的冷餐桌。每张餐桌铺金黄色纱衬，显贵族气氛。香槟主要由高脚香槟酒杯来盛，然后摆成塔状，可摆成6～8层，8层最佳。

5. 设置酒水吧台

酒水吧台主要是针对那些对酒精过敏或者不胜酒力的嘉宾设置。

6. 嘉宾休息区

为嘉宾提供休息和洽谈商业合作提供方便。

7. 节目表演区

节目表演区的台子一定要大且结实，能够一起容纳多人同时登台，最好采用钢架结构搭台。

六、活动流程

（一）筹备阶段

1.活动宣传

通过网站、微信、短信、户外广告、电台、报纸、微博、彩页等相关媒体进行宣传，为活动造势，加大知名度和潜在顾客关注度。

2.特别邀请

针对汽车行业及相关行业，以邀请函的方式发出邀请，提升商业价值和关注度，可以形成大型行业商圈，促进交流，使汽车行业更能了解××汽车俱乐部。

3.场地布置

搭建广告大牌、空飘、开幕礼台等。

9：00～9：30：进场接待设接待地点，对来到嘉宾进行统计接待。

9：40～10：00：开场舞（水鼓舞）。

10：00～10：20：领导致辞，主持人热场。

10：20～10：50：精彩节目（热舞、魔术）。

10：50～14：00：品评美食，乐舞升平：美食美酒，商谈交流，乐团演奏，各地车友才艺大比拼，现场抽奖。

14：30～16：30：爱车一族，巡街展览，赞助商车行参观。

16：00～17：30：××市景点一览

具体行程可根据实际情况具体安排，活动可扩展为2天。

（二）宣传方式

1.社会媒体

（1）报刊媒体：报纸彩页的广告宣传、夹缝广告等。

（2）网络媒体：商都网网站信息推广。

（3）电台媒体：××市电台的连续报道、节目广告插播。

（4）户外广告：户外LED电视大屏播出推广。

2.宣传规划

（1）阶段规划：主要宣传方式。

（2）宣传预热期：手机短信，网络电台相结合，户外广告联动造势引发关注。

（3）活动执行期：全程摄像，提升参与感，形成意向购买群。

（4）活动后期：现场活动后，所有资源放于网站之上进行进一步推广，联合报社撰写相关报道，使其效果更深入人心。

（5）活动成效：促使并实现最终购买。

（三）抽奖奖品

抽奖奖品

等级	数量	奖品
一等奖		
二等奖		
三等奖		
四等奖		

【范本】××汽车4S店车友会——迎新年联谊会

××汽车4S店车友会——迎新年联谊会

一、活动目的

为加强车友会会员与公司、社会各界之间的交流，增进各方面的友谊，特举办"车友会年会"活动，倡导车友会的车友会员们文明驾车从我做起，争做带头人。汽车拉近了城市之间的距离，也拉近了热爱生活的年轻人的友谊，在活动中，既能让平时在都市繁忙中疲惫的身心得到休息和释放，更能在活动中认识新朋友，互动地交流生活体验，分享精彩和快乐。

二、活动宗旨

倡导文明驾车，增进车友会会员之间的友谊，提升车友会在社会上的形象与地位，促进车友会健康良性发展，促进车友会与公司之间的合作。

参加人数：30人。

礼品：凡参加本次活动的车友会员们都将免费得到价值300元的礼品卡1张，另外每辆车送免费四轮定位1次。

三、活动概述

活动主题：××汽车车友会 迎新年联谊会。

活动时间：略。

活动地点：略。

活动邀约对象：所有车友会会员。

邀约方式：短信平台、电话通知、网络宣传、平面广告。

四、活动前期宣传工作

1. 店内（条幅、海报、展架）进行店面的宣传。
2. "短信平台"为车友会员们发送活动时间、地点。
3. 《××晚报》进行报纸宣传。
4. ××网络宣传。
5. 易车网。

五、活动内容

本次迎春车友联谊会活动主要分为2个部分。

车友联欢滑雪：
车队开车前往××滑雪场，在滑雪场体验冬日的别样风情并拉近车友间的距离，增进车友间的感情，从而达到此次活动的目的

车友新年会餐：
在展厅联谊会活动结束后，还特意为车友们安排了新年会餐，拉近与车友间的距离。车友联欢共同迎接崭新的2010年

六、活动前期的物料

1. 制作条幅以及宣传用品。

2．海报的制作、车友俱乐部章程条款及活动签到本。
3．活动中冰上拔河比赛用的绳子及获胜队的精美小礼品。
4．设计××汽车品牌、××汽车车友会会标及会旗。

七、活动当日人员安排

人员	执行项目
	当天现场总指挥
	公司领导讲话
	来展厅签到、客户接待
	司机
	照相
	维护活动现场秩序
	车队车辆的维修

八、活动当日流程

8：00　客户来展厅签到（销售顾问做好引领工作）。
8：40　车队向滑雪场出发（车队按序号行驶）。
9：30　车队到达滑雪场。
9：40　车队成员集合点名之后拿雪具，滑雪开始（一定听从教练的指导）。
10：20　组织车友进行游戏环节（获奖者有精美礼品）。
11：30　车队所有成员合影留念。
12：00　滑雪结束，组织车队按序号前往饭店会餐。
12：30　车队到达会餐饭店。
12：50　车队联谊会会餐开始，总经理举杯发言。
13：00　市场部代表公司发言（感谢车友在过去1年里对××品牌汽车的支持，对平时工作的予以配合）。
15：30　会餐结束，全体车友会员合影留念。

九、注意事项

1．发扬团队协作精神，倡导自助与必要的互助相结合的活动理念。顾全大局，有良好的集体观念，有良好的时间观念，乐于帮助其他人。
2．如果车友中途要退出活动，一定要向负责人打招呼。以确保车友安全。
3．车队行驶过程中要保持车距，按照序号行驶，不要超车，如果有掉队的车辆，其他车辆有义务帮助掉队车辆。
4．滑雪本身是有危险性的活动，滑雪期间一定要听从指挥，不得擅自离队，一定要注意安全。
5．准备急救箱以及一些常用药物，工作人员要维护好现场秩序。

十、活动预算

略。

第五章
汽车4S店庆典活动策划

- 第一节　汽车4S店庆典活动认识
- 第二节　汽车4S店开业庆典活动策划
- 第三节　周年庆典活动策划

第一节 汽车4S店庆典活动认识

知识001：庆典活动认识

庆典活动是组织利用自身或社会环境中的有关重大事件、纪念日、节日等所举办的各种仪式、庆祝会和纪念活动的总称，包括节庆活动、纪念活动、典礼仪式和其他活动。

通过庆典活动，可以渲染气氛，强化组织的影响力；可以广交朋友，广结良缘。成功的庆典活动还可能具有较高的新闻价值，从而进一步提高组织的知名度和美誉度。

知识002：庆典活动的作用

庆典活动的作用，可引起三大效应（引力效应、实力效应和合力效应），如下图所示。

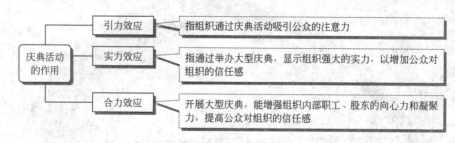

庆典活动的作用

知识003：庆典活动的种类

（一）开业庆典

开业庆典，又称开张庆典，主要为商业性活动，小到店面开张，大到酒店、超市商场等的商务活动。开业庆典不只是一个简单的程序化庆典活动，而是一个经济实体、形象广告的第一步。

① 通过开业庆典活动，传递汽车4S店隆重开业的消息，扩大知名度，提高美誉度，树立良好的企业形象，为今后的生存发展创造一个良好的外部环境。

② 进一步加强与当地媒体的互动和交流，为在区域市场的销售和推广营造一个良好的舆论环境，同时扩大在本汽车4S店行业内的知名度。

③ 开业的隆重运作，有利于增加员工对企业的信心，加强企业的凝聚力。

> **特别提示**
>
> 开业庆典也是中国人的一项传统风俗，从沿海到内陆都有着同样的风俗，觉得开业庆典能给之后的活动带来好运。

（二）周年庆典

一般在汽车4S店周年店庆时，会举办周年庆典活动，以此来提高汽车4S店人流量，最终达到推广销售的目的。

知识004：庆典活动注意事项

庆典活动既是社会组织面向社会和公众展现自身的机会，也是对自身的领导和组织能力、社交水平以及文化素养的检验。因此，举办庆典活动时，公共关系人员应做到准备充分，接待热情，头脑冷静，指挥有序。一般来说，庆典活动应注意以下事项，如下图所示。

事项一	确定庆典活动主题，精心策划安排，并进行适当的宣传
事项二	拟定出席庆典仪式的宾客名单，一般包括政府要员、社区负责人代表、同行代表、员工代表、公众代表、知名人士、社团
事项三	拟定庆典程序，一般为签到、宣布庆典开始、宣布来宾名单、致贺词、致答词、剪彩等
事项四	事先确定致贺词、答词的人名单，并拟好贺词、答词，贺词、答词都应言简意赅
事项五	确定关键仪式人员，如剪彩、揭牌、托牌等；除本单位领导外，还应邀请德高望重的知名人士
事项六	安排各项接待事宜，事先确定签到、接待、剪彩、摄影、录像、扩音等有关服务礼仪人员
事项七	可在庆典活动中安排节目，如舞龙等；还可邀请来宾题词，以作为纪念
事项八	庆典结束后，可组织来宾参观本组织的设施、陈列等，增加宣传的机会
事项九	通过座谈、留言形式，广泛征求意见，并综合整理、总结经验

庆典活动注意事项

知识005：庆典活动组织程序

庆典活动组织程序如下图所示。

程序一 庆典策划

确定来宾及发放请柬。来宾包括：政府官员、地方实力人物、知名人士、新闻记者、社区公众代表、客户代表或特殊人物等。总之，来宾要具有一定的代表性。请柬要求提前7～10天发放。重要来宾请柬发放后，组织者当天应电话致意。庆典前一天的晚上再电话联系

程序二 设计庆典活动程序

主持人宣布开典；介绍来宾；由组织的重要领导或来宾代表讲话；安排参观活动；安排座谈或宴会；邀请重要来宾留言或提字

程序三 落实致辞人和剪彩

致辞人和剪彩人分己方和客方。己方为组织最高负责人，客方为德高望重、社会地位较高的知名人士；选择致辞人和剪彩人应征得本人同意

程序四 编写宣传材料和新闻通信材料

列出庆典主题、背景、活动内容等相关材料，将材料装在特制的包装袋内发给来宾。对记者，还应在其材料中添加较详细的资料，以方便记者写作新闻稿件

程序五 庆典活动的接待工作

设置接待室。对所有来宾，都应热情接待，耐心服务；对重要来宾，要由组织领导亲自接待；他们的签到、留言、食、宿均应由专人负责

庆典活动组织程序

第二节 汽车4S店开业庆典活动策划

策划001：全程媒体推广

（一）广告投放计划

汽车4S店在开业期间，要做好推广工作。以报纸为主，选择最具影响力的报纸媒体或其他汽车、车友、时尚类杂志为辅。通过交通频道广告、网络媒体广告、户外广告及短信平台进行宣传。

汽车4S店广告投放计划包括总体投放计划及具体各个阶段投放计划。

1.总体广告投放计划

总体广告投放计划见下表。

总体广告投放计划

内容 \ 时间	开业前期预热阶段	开业阶段	开业后期			媒体投放费用
	开业前2周	开业期间	开业后3周			
开业投放整体周期			1周	2周	3周	
LED电子屏						
短信息						
公交车站牌广告						
合计						

2.开业前期投放计划

开业前期投放计划见下表。

开业前期投放计划

日期	项目	版面	规格	次数	价格	总价
前期广告预算总计						

3.开业期间投放计划

开业期间投放计划见下表。

开业期间投放计划

时间	媒体名称	版面	规格	次数	价格	总价
开业期间费用合计						

4.开业后期投放计划

开业后期投放计划见下表。

开业后期投放计划

时间	项目	版面	规格	次数	价格	总价
后期广告预算总计						

（二）媒体公关

4S店市场推广部应携4S店所属品牌特色礼品拜访媒体及各大异业合作单位相关负责人。推广媒介策略见下表。

推广媒介策略

序号	媒介	发布优势	报纸选择	发布时间	备注
1	报纸媒体	受众覆盖面广、相对电视媒体价格便宜、信息传播率高	当地最具影响力的报刊	开业前3日起在以上媒体同时投放广告	整版版面
2	户外广告	选择车流量大的路段，信息曝光率较大		开业前3个月	4S店盛大开业
3	电台广告	针对性强、信息传播有效性高	当地交通频道	前1个月每日滚动发布	4S店盛大开业，诚邀参加活动（提示礼品赠送）
4	短信广告			前1周内发布3次	

策划002：参与人员规划

整个汽车4S店开业庆典活动中，人是开展所有事务的核心，因此管理者必须做好参与人员规划，见下表。

参与人员规划

类别	详细内容	人数	安排
贵宾	总部领导（含随从）		
	投资方领导（含随从）		
	网点领导		
	汽车行业应邀参加来宾		
工作人员	销售顾问		
	服务人员		
媒体	主流媒体		
执行公司	传媒公司		
演执人员	舞蹈等表演人员		
	礼仪		
人员共计			
备注			

策划003：相关人员邀请

（一）客户邀请

汽车4S店开业庆典活动中，一定要邀请相关人士，可以制作一个客户邀请计划表，对整个客户邀约过程实现跟踪控制。

客户邀请计划

序号	邀约方式	时间	目标人群	负责人	项目进程反馈时间	内容	备注
1	短信邀约		基盘客户				
2	短信邀约		不定项客户				
3	发送邀请函		关键客户、官员			邀请到店参与剪彩和酒会	
4	电话邀约		潜在客户				
5	二次电话邀约		潜在客户				

1. 短信

在进行短信邀约时,要注意短信内容编写。

① 基盘客户。

××汽车4S店开业巨献!×月××日开业当日进店车辆可获赠××元工时抵用券,详询×××××××。

② 短信群发。

××汽车4S店正式登录!直营店将于×月××日×时隆重开业。当日订车即可获赠原厂山地车1台,详询×××××××。

××汽车4S店正式登录!直营店将于×月××日×时隆重开业。当日订车即可参与"订车送车"活动,详咨×××××××。

2. 邀请函

也可以以书面的形式发出邀请函,如下所示。

邀请函

尊敬的××先生(女士):

您好!

首先感谢您在过去的时光里对××汽车4S店的关注和支持!感谢您对我们所有工作的理解和肯定!在此,总经理××携公司全体员工为您送上最真挚的问候和最衷心的祝福!

我公司将于××××年××月××日(星期×、农历××月××日)举行开业庆典,诚挚邀请您的莅临。

时间:

地点:

联系人:

联系电话:

手机:

具体到达时间、出席人数,请予以确认并回复,以便我方安排具体招待事宜。后附回执表一份。

此致!

邀请人:×××

××汽车4S店

××××年××月××日

邀请函回执

单位名称：　　　　　　　　　　　　来访人数：

姓名	职务	到达时间	交通方式	联系电话

是否带车：是□　否□（这个信息有助于安排停车等事宜）

请务必于××××年××月××日前将此回执传真至××××××××，以便统一安排。

（二）媒体邀约

确定邀约媒体的资料，包括类别、名称、姓名、职务、费用、人次等，并提前邀约。

媒体邀约计划

序号	类别	名称	姓名	职务	费用	人次	备注
1	平面媒体						
2							
3							
4							
5							
6							
1	网络						
2							
3							
1	电视台						
2							
3							
1	电台						
2							
1	其他						
2							
媒体费用合计							

制表日期：　　　　　　　　　　制表人：

（三）邀约跟踪

邀约，不仅是将邀约短信或邀请函发放出去就可以了，更要做好跟踪工作，确保邀约人员到位情况。

客户邀约跟踪表

客户姓名					
联系电话					
意向车型					
贵宾卡号码					
邀约流程	短信邀约				
	电话拜访				
	短信提醒				
	电话确认				
	贵宾卡				
邀约次数	1				
	2				
	3				
邀约结果					
到店人数					
礼品领取					
活动主题					
活动简介					
电话话术					
短信话术					
礼品名称					

策划004：确定开业庆典的仪式流程

在开业庆典活动策划中，要确定开业庆典仪式流程，可以采用流程图，也可用流程表形式予以表现。

开业庆典仪式流程图如下所示。

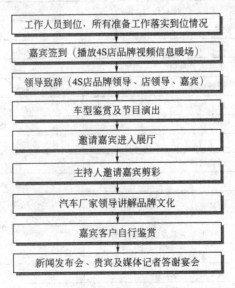

开业庆典仪式流程图

【范本】××汽车4S店开业庆典活动当日流程

××汽车4S店开业庆典活动当日流程

进程	进行时间	项目内容	负责方	备注
开始前环节	8:30~9:50	维持现场情况,引导嘉宾停车		
		再次检查全套活动设备		
迎宾环节	9:30~10:00	奏乐		
		前台接待礼仪做好嘉宾登记及产品资料发放工作		
		由礼仪引导嘉宾入座		
	10:15	全体员工与展台左侧前列队		
	10:15~11:00	媒体记者引导进行拍摄,以备活动结束后期宣传		
开业典礼环节	10:15~11:00	开场音乐,主持人出场,引导嘉宾上台 1.介绍活动背景,主席台上领导及重要嘉宾 2.总经理开业致辞 3.集团领导开业致辞,列队宣誓 4.主持人宣布××汽车4S店隆重开业 5.全体嘉宾起立,集团主要领导剪彩 6.舞狮队表演		1.开业方式以剪彩、拉开帷幕、舞狮队表演形式进行 2.渲染音乐贯穿全程,剪彩或揭帷幕时候转为高潮,放礼炮
	11:00~11:20	礼仪及销售经理引领嘉宾们参观展厅		展厅、客户休息区、客户洽谈区、交车区、售后区等区域
	11:00	进入展厅位置给嘉宾发放礼品		
开业餐会环节	11:20	餐会开始,邀请嘉宾及领导边吃边欣赏乐器演奏,促进交流,与各方建立良好的关系		小提琴为主要节目,其他节目视具体情况而定
活动结束	13:00	餐会后结束当天活动		进行清洁工作

【范本】××汽车4S店开业庆典活动流程

××汽车4S店开业庆典活动流程

序号	时间	项目内容	备注
室外环节			
1	09:30~10:00	来宾签到	露天表演开始
2	10:00~10:03	主持人开场白	
3	10:03~10:08	领导致辞	欢迎来宾到来××汽车4S店
4	10:08~10:13	嘉宾致辞	很高兴××汽车4S店大家庭中又增加了新成员
5	10:13~10:18	领导致辞	祝贺××汽车4S店重装开业
6	10:18~10:28	开业剪彩仪式	领导、嘉宾等参与
7	10:28~10:35	迎宾表演	
室内环节			
8	10:35~10:50	店长致辞	感谢各位到来,介绍本店主要销售车型及开业相关优惠活动
9	10:50~10:55	为首批车主颁发钥匙与车模	
10	10:55~11:00	幸运抽奖	
11	11:00~12:00	来宾自由参观	
12		嘉宾接受媒体专访	

策划005：开业庆典人员工作责任配置

人员配置的目的是确保开业典礼顺利进行，分工明确，责任落实到位。

开业庆典人员工作责任配置

项目	工作内容	姓名	电话	备注
活动总指挥	统一调配，指挥全局活动方案审批			
筹备组	活动方案撰写			
	媒介、庆典代理接触、交流、布置工作			
	现场活动督导、控制负责人			
接待组	政府领导接待人员（包括邀请）			
	当地同行业高层接待人员（包括邀请）			
	当地媒体接待人员（包括邀请）			
后勤组	物料、纪念礼品采购及准备			
	开业餐会的采购及准备			
	保证水电、卫生、安全等突发事件紧急预案			
安保	维护好现场交通秩序、安保、清洁工作			
	应对突发事件预案			

策划006：开业庆典活动费用预算

汽车4S店在开业庆典活动策划中，要做好费用预算工作，保证资金到位，既不浪费，也不会出现资金不足情况发生。

开业庆典活动运作预算

序号	项目	单价（数量）	小计/元
1	主持人（电视台）		
2	邀请函（特殊工艺印刷）		
3	背景板（室外）		
4	舞台		
5	背景喷绘		
6	空飘		
7	拱门		
8	专业摄影师		
9	专业摄像师		
10	音响、话筒		
11	红地毯		
12	彩旗		
13	花篮		
14	礼仪		

续表

序号	项目	单价（数量）	小计/元
15	车模		
16	车模礼服（租用）		
17	冷餐会		
18	托盘、花球		
19	皇家礼炮		
20	礼炮红花球制作		
21	台花		
22	胸花		
23	签到本		
24	签到笔		
25	椅子租用		
26	椅套租用		
27	椅套扎花制作		
28	演讲台		
29	休息室鲜花		
30	金布、钥匙、荣誉证书		
31	车顶花球		
32	嘉宾礼品		
33	遮阳伞		
34	手提袋		
35	内场小提琴		
36	醒狮队		
37	冷焰火		
38	礼炮		
39	物料总费		
40	执行总费用		
	合计		

策划007：现场危机预防管理

（一）现场电力资源保障

活动期间需要有效避免停电带来的诸多麻烦。因此为避免突发事件，保证活动进程万无一失，可以准备备用电缆或备用电源（发电机），提前检查场地线路，保证线路输入正常，在活动期间安排专业电工待命，处理突发电源问题。

（二）天气问题

① 准备适量雨伞、雨伞套等，消除下雨给来宾带来的不便。

② 准备适量大型遮阳伞，以防下雨给签到、停车接待带来不便。

（三）秩序问题

① 在活动前与当地派出所进行充分沟通，随时处理突发治安事件。
② 增加保安力量，维持现场秩序。

（四）现场气氛调动

在场下安排2～4名现场气氛调动人员。

（五）活动进程的流畅性保证

由专人负责对现场物资进行妥善处理并及时补给，安排2～4名催场人员。

（六）获奖来宾中途离开

如果有获奖来宾中途离开活动现场的情况发生，确定离开事由，安排现场工作人员代为领取，如果已离去则重新抽取幸运客户。

（七）现场秩序

活动开始后结束签到，留1名签到人员值守善后，入口处安排4名保安维护进出秩序。

【范本】××汽车4S店开业庆典策划方案

××汽车4S店开业庆典策划方案

一、活动概述

略。

二、活动目的

略。

三、活动主题

略。

四、活动内容

活动时间：×月××日。

活动地点：××汽车4S店。

活动人数：100人左右（待定）。

与会嘉宾：领导/嘉宾/媒体朋友等。

现场布置：以××汽车的××为主题布置，突出××形象，使××品牌深入人心。

（一）前期准备工作

1.活动策划方案最终确定、费用预算审定（活动前3个星期完成）。

2.现场布置效果图确定。

3.主要参加庆典活动的人员名单确定，并发出邀请函，外地嘉宾要安排住宿（活动前2周完成）。

4.前期活动媒体宣传，店头物料布置（开业前1个月开始计划执行）。

5.庆典活动纪念礼品准备（活动前3周要确定）。

6. 到店嘉宾的接待，现场区域人员安排。

7. 午宴地点、人数、菜单（活动前1周确定菜单，活动当天确定人数）。

（二）活动前工作准备与当天准备

1. 舞台搭建、展厅室内布置及户外布置。

2. 当天早上7点前开始完善庆典活动现场的布置。舞台、音响要再次调试；确认工作人员、活动人员的服装和人数；乐队简单排练，准备就绪。确认负责管理展厅各区域人员是否在位。

（三）媒体计划

活动现场媒体邀约有××日报、××晚报、××电视台、××电台。后期媒体宣传与活动，为加快宣传旗舰店推广工作，尽快吸引到店客户看书、试驾、购车等，借开业庆典契机，分别在××晚报、××电台、短信平台进行宣传。

（四）活动流程

6:00　所有公司内部人员及工作人员到达现场，做最后检查。

7:00　所有安保人员到位。

7:30　礼仪小姐、车模、演职人员到场准备完毕。

7:45　主持人、记者到场。

8:30　乐队开始表演，礼仪小姐全部就位，迎接来宾。

8:30　车模就位。

8:45　嘉宾陆续到场，乐队、礼仪小姐迎宾，并协助佩戴胸花、引导等工作。

9:00　来宾基本到场，随意参观。

9:18　主持人宣布仪式开始并邀请市领导讲话。

9:25　××公司领导讲话。

9:30　××汽车4S店领导讲话。

9:38　由领导和嘉宾一同为新车揭幕，鼓乐齐鸣，燃放礼炮，放飞气球。

9:40　由××汽车4S店领导引领嘉宾参观并介绍4S店。

10:00　由××汽车4S店领导宣布全城巡游活动车队出发。

（五）活动现场布置明细

略。

五、活动推广宣传及费用

略。

六、活动执行费用预算

略。

 【范本】××汽车4S店开业庆典方案

××汽车4S店开业庆典方案

一、活动流程

（一）前期执行

时间	项目	操作	负责人
7:30~8:30	人员集合、分工	工作人员集合,确认分工,各就各位	广告公司和××负责人
	场地布置	1.所有场地装饰布置的检查 2.新车安放、音响布置和调试	
	物料及前期工作准备	座椅摆放、点心区、签到台布置、嘉宾胸花、礼品等物料查验	

（二）节目流程

时间	项目	操作	工作人员	道具
9:00~9:50	迎宾	1.嘉宾领导、媒体朋友签到 2.安排车辆停放 3.引导嘉宾入座,享用点心,欣赏广告宣传片及年魅力科技展		签到本和签到笔
9:50~9:52	画外音	宣布新店开业仪式开始	主持人	麦克风
9:52~10:00	开场舞	开场××舞蹈表演	跳舞演员	伴舞音乐
10:00~10:05	开场白	主持人介绍到场嘉宾领导	主持人	麦克风
10:05~10:10	邀请领导	1.主持人有请×××董事长上台致开业辞	主持人	麦克风
		2.礼仪小姐上前邀请领导上台	礼仪小姐	背景音乐
10:10~10:15	邀请领导	1.邀请厂家代表上台致开幕词	主持人	麦克风
		2.礼仪小姐上前邀请领导上台	礼仪小姐	背景音乐
10:15~10:20	领导致辞	厂家代表致辞	厂家代表	麦克风
10:20~10:25	剪彩仪式	1.嘉宾和领导上台剪彩	礼仪小姐	剪彩用品
		2.欢庆的音乐响起	音响师	欢庆音乐
		3.电动礼炮同时发射	员工	电动礼炮
10:25~10:30	醒狮表演	1.邀请董事长移步致店外点睛	主持人	麦克风
		2.醒狮表演	舞狮乐队	自带乐器
10:30~11:30	媒体见面会及其他庆祝活动	宣布媒体见面会在接待室进行,新车试驾活动、车技表演在户外进行,并安排精彩的醒狮表演,服务咨询免费车检	主持人	麦克风
	媒体见面会	与媒体见面并面对面沟通	领导、厂家代表、媒体	接待室
	客户试驾	1.展开试驾活动	销售员、试驾客户、展车模特	新车
		2.赠送资料、礼品,填写客户试驾调查表	礼仪小姐	
	车技表演	车技表演	车手	表演车辆、防护栏
	××汽车科技展	观众自由参观,部分区域需要讲解员		一应参展物品、投影设备等
	服务咨询	服务咨询免费车检		帐篷、桌椅、登记本
11:35~11:40	结束语	1.宣布新店开业会结束	主持人	背景音乐
		2.燃放鞭炮	广告公司	
		3.提醒就餐地点	主持人	

二、场地布置

活动场地分入口迎宾、开业仪式、汽车演示三大部分,要求衬托开业喜庆氛围,并符合主题"××科技"特色。

(一)入口迎宾

1．以拱门、横幅、空飘等烘托开业仪式的火热气氛,并可作为地点标志。

2．地面铺上红地毯,显示开业仪式的隆重,昭显活动嘉宾的尊贵。

(二)开业仪式

1．舞台布置:搭建舞台、背景板。舞台上铺红地毯,两侧搭建斜坡供车辆上下。此外舞台两侧边沿以每边2～3个空飘拉起两三个竖幅,使舞台增加了信息含量,并在结构上更加美观、大气,起到调节舞台氛围的作用。

2．展厅布置:展厅布置要突出"××科技"的主题特色,以蓝、白、银为基色,塑造时尚、现代的整体氛围,并用立柱等将展厅划分区域。

(三)汽车演示

1．试乘试驾:提供车辆试乘、试驾,需要停车场地及通道(需场地指示牌)。

2．汽车表演:在离舞台不远的地方,以绳索或障碍物围出大块空旷场地,供车技表演使用(需场地指示牌)。

3．服务咨询、免费车检:咨询、车检场地设在展厅和汽车表演场地相邻的地方,这样容易引起客户注意,并方便客户流动(需场地指示牌、工作帐篷)。

三、宣传计划

1．在××日报、××日报、××商报区域经济导刊各投放1期开业预告广告。

2．邀请各大媒体在活动前后跟踪报道。

3．在××电台播放15秒广告专题新闻。

4．××网短信平台发布开业信息。

5．发送邀请函,以××日报名义协邀俱乐部会员、车主参加开业活动。

6．制作活动宣传单张××××张,向高级写字楼等地定点派发。

四、物料费用

略。

【范本】××汽车4S店开业活动方案

××汽车4S店开业活动方案

一、活动的主题

××汽车4S店开业。

二、活动时间

略。

三、活动的概述

活动主要以酒会的形式,配合剪彩仪式,再结合开业当日展厅促销活动。

四、活动的目的

1．提高××汽车4S店知名度。

2．提高来电、来店量。

3. 增加销售顾问的潜在客户。
4. 提高销售成交量。

五、客户邀请计划

序号	邀约方式	时间	目标人群	负责人	项目进程反馈时间	内容	备注
1	短信邀约	7月6日	基盘客户	×××	7月7日		
2	短信邀约	7月9和10日	不定项客户	×××	7月10日 18:00		通过××广告投放20万条开业短信
3	发送邀请函	7月6~9日	关键客户、官员	×××	7月10日 19:00	邀约到店参与剪彩和酒会	
4	电话邀约	7月7~9日	潜在客户	×××	7月9日 18:00		
5	二次电话邀约	7月10日	潜在客户	×××	7月10日 12:00		

六、现场布置

1. 展厅布置图

略。

2. 现场布置

（1）酒会现场以白色为主，蓝色为辅，凸显整个晚会的高雅与尊贵。
（2）礼仪小姐：聘请6位礼仪小姐，身高170厘米以上。
（3）模特展示：聘请3位模特，均从超模大赛中选出。
（4）节目展示。
① 聘请1位萨克斯表演者，全天不定期表演。
② 聘请舞狮队。
③ 剪彩仪式，配合舞狮点睛，礼炮渲染气氛。
（5）餐饮区。
略。

七、当日活动具体流程

时间	节目	配合	负责人	备注
9:30~10:00	嘉宾、观众入场	礼仪邀请	×××	
10:00~10:05	主持人主持		主持人	×××提醒
10:05~10:10	总经理致辞	礼仪邀请	×××	
10:10~10:15	剪彩、点睛	放礼炮	×××	×××
		燃鞭炮	广告公司	
10:15~10:20	舞狮表演、采青		广告公司	
10:20~10:30	交车仪式		×××	×××、×××
10:30~18:00	酒会			每隔45分钟进行萨克斯表演、模特巡展

八、活动预算

略。

九、开业促销

1. 售后：送200元工时抵用券（每次使用50元）——开业当天赠送免费检测。

2. 到店礼品：赠送××200元券2张，共400元；赠精美原装附件礼品（电热杯）。

3. 销售：赠送××300元券2张，共600元；赠送自行车1辆。

十、上市前活动准备（各部门工作）

（一）市场部

市场部（一）

项目	时间	内容	负责	备注
方案准备	6月28日	联系广告公司初定上市活动节目	×××	
	6月30日	广告公司提供上市策划	×××	包括活动物料、预算等
	7月3日	初步撰写上市方案	×××	
	7月5日	修改、初定上市方案	×××	
	7月5日	领导层确定方案	×××	领导层商量并提出修改意见，确定最终（包括促销）方案等
	7月5～7日	确定最终的物料和所需的节目	市场部	以高雅为主的，体现品牌档次的节目为佳
	7月5日	根据改进意见修改方案	市场部	
	7月6日	选定、确定餐饮区合作酒店，并签订协议	×××	

市场部（二）

项目	时间	内容	负责	备注
物料准备（硬件设施准备）	7月10日晚上	布置展厅	市场部、广告公司	
	7月10日	与各部门开会，并分配工作	×××	根据是否能挂再确定
	7月8日	制作空飘	×××、×××	
	7月8日	准备药箱	×××	
	7月5～9日	制作和确定上市所需物料	市场部	包括签到表、客户礼品、奖品箱等（下附）

市场部（三）

项目	时间	内容	负责	备注
其他准备	7月4日	在媒体发布上市会的信息，邀请客户参与	×××	网络、报纸
	7月9日	通知具体的执行内容	×××	
	7月6日	申报活动、申请活动费用	×××	借款和填写活动申报
	7月6日	发送短信邀请客户	×××	根据邀请计划
	7月9日	邀请各媒体记者，并确定人数	×××	随时向市经理汇报情况
	7月10日12:00前（第一次系统跟踪活动准备情况）	当日上市活动细则（表演节目、演员、主持人等）	×××	最终所有活动细则要根据具体情况上报，并服从市场经理的安排，第一次系统跟进所有项目的进程和具体情况，以便及时作出相应的应对方案
		活动所需的物料、礼品等	×××	
		客户邀请计划进程、食品等	×××	
	7月10日	上市前最后一次系统跟进活动准备	市场部	必须在18:00前确定所有项目的完成情况

（二）销售部

时间	内容	负责	备注
7月5和6日	销售顾问统计潜在客户数量	销售顾问	
7月5和6日	统计潜在客户、新车主的信息	×××	18：00统计好
7月2日	基盘客户电话信息统计	×××	
7月7~9日	销售顾问电话邀请客户参与活动	×××	7月9日18：00回馈邀约情况
7月6~9日	发送邀请函	×××	
7月10日	销售顾问二次电话邀约	×××	
7月10日	交代邀请计划的进程	×××	7月10日18：00告知市场部邀请情况
7月10日晚	协助移动车，布置展厅	×××、×××	
×月×日8：30前	准备活动展车（检查展车各项功能及卫生）	×××	8：30擦好车辆

（三）售后服务部、客服部、行政部、财务部

项目	时间	内容	负责	备注
售后服务部	7月11~18日	免费检测	×××	
行政部	7月5~10日	配合各项工作的准备	×××	
财务部	×月×日	收银员1名配合销售员收款	×××	
客服	×月×日	配合当日工作，最好接待	×××	

（四）活动需要的物料清单及项目

项目	规格	负责人	项目	规格	负责人
媒体签到表		×××	主持人串词		广告公司
客户签到册、笔		×××	收集客户信息表		×××
空飘		×××	媒体公关费		××
红布		×××	布展物料		广告公司、市场部
小花瓶		×××	胸花		×××
各车型资料		×××	投影设备、音响设备		广告公司
礼品袋		×××	展车准备		×××
礼品		×××	客户桌椅		广告公司
餐饮		×××	鞭炮		×××
礼炮		广告公司	钥匙KT板[①]		×××

① KT板是一种由PS颗粒经过发泡生成板芯，经过表面覆膜压合而成的一种新型材料，供广告、宣传使用。

十一、活动结束后流程

活动后人员安排

时间	工作	负责人
7月12日	统计活动关键指标、整理照片	×××
7月12日	总结潜在客户，跟进潜在客户	销售顾问
7月12~14日	统计核算上市活动的费用	×××
7月12日下午	对活动各环节进行评估并完善活动流程表，对活动作出初步评估	×××
活动后一周内	撰写活动总结	市场部
月底	活动内容上报分销中心审核	市场部

第三节　周年庆典活动策划

周年庆典活动策划和运营与开业庆典相关流程没有太大区别，因此在这里不再赘述。本节主要列举几个汽车4S店周年庆典活动案例，作为参考。

【范本】××汽车4S店开业六周年庆典活动方案

辉煌六周年携手共回馈
——庆××汽车4S店开业六周年

活动一：
主题：快乐的开始。
时间：9月22日，上午10点。
地点：××店内。
内容：感恩节前夕，为答谢众多老客户对××汽车4S店的支持，我们将联合宣誓，"微笑服务统一、快乐形象统一、礼貌用语统一、会员待遇统一"，届时会邀请媒体及客户代表见证快乐的开始。另外，公布"辉煌六周年，携手共回馈——庆××店开业六周年"活动内容。
形式：宣誓仪式+交流会。

一、宣传推进

日期	报纸		网络		电台
9月20日	—	软文报道"快乐的开始"，告知将开始什么	快乐的店头招聘及工作人员与客户的快乐镜头	"快乐的开始"活动告知及邀请	"快乐的开始"活动告知及邀请
9月21日	配合"游你油我"活动开展	继续软文告知"快乐的开始"活动内容			
9月22日		快乐的开始！			
9月24日	配合"游你油我"活动开展				告知活动内容
9月25日	—	软文报道活动开展的情况，预告30日活动	活动开展的照片	预告30日活动	
9月26日	配合"游你油我"活动开展				公告30日活动

二、活动推进表

时间		事宜	项目	数量	预算
9月20日		邀约客户	礼品	50个	
		邀约媒体	礼金	10家	
9月21日		现场物料准备	横幅、空飘、背景、宣传代表物、食品……		
9月22日	9：30之前	现场布置			
	9：30~10：00	接待嘉宾			
	10：00~10：10	总经理致辞	特约店可以提供的服务		

续表

时间		事宜	项目	数量	预算
9月22日	10:10~10:20	用户代表发言	客户所想的服务		
	10:20~10:30	宣誓			
	10:30~10:40	仪式	总经理与客户代表一起启动快乐的开始		
	10:40~11:00	交流会	服务理念的交流		
	11:00以后	结束			

活动二:

主题:总经理现场签售日。

时间:9月30日9~17点。

地点:××汽车4S店内。

内容:凡当天凭总经理签字,购车可享受总经理特批价。

形式:交流会签售。

一、宣传推进

活动预算	日期	报纸	网络		电台
不间断系列性报道	9月27日	软文报道××店总经理将现场签售	总经理访问报道及照片	活动内容告知	活动内容时间告知
	9月28日	继续软文告知"签售"活动内容及总经理采购			
	9月29日	短信告意向客户			
	9月30日	总经理签售日			
	10月2日	软文报道签售日当天情况	继续告知6和7日汽车庙会信息	图片报道签售日当天情况及销售额	6和7日汽车庙会信息告知	公告6和7日活动
	10月3日	软文报道签售日当天情况			

二、活动推进表

时间		事宜	项目	数量	预算
9月24~28日		邀约客户	礼品	40个	
		短信通知客户			
9月29日		现场物料准备	宣传海报、食品		
时间	9:00~11:30	接待客户	洽谈		
	11:30~13:00	午休			
	13:00~17:20	接待客户	洽谈		
	17:00~				

活动三:

主题:汽车庙会不见不散。

时间:10月6和7日。

地点:××展览中心。

内容:通过专业的汽车展示,展现品牌文化,更好地推广"游你油我"活动。

形式:汽车文化完美展现,买车、换车汇聚一堂,益趣挑战有奖互动。

宣传推进：略。

活动四：

主题：快乐送到家。

时间10月13和14日。

地点：××小区。

内容：联系××地区消费层次和产品相对应的小区，开展社区免费咨询，快乐送到家活动，借助品牌推广做新车展示销售。

形式：车辆免费咨询，新车展示。

费用预计：略。

【范本】××汽车4S店八周年庆典活动方案

××汽车4S店八周年庆典活动方案

一、活动前言

8年前，××汽车4S店正式开业，也开始了品牌的蓝色之旅，为××车市注入浪漫气息。而今走过了8年的汽车4S店，八年的积累与沉淀，使其在××有了一片蓝色的疆土，汽车4S店实现了质的飞跃。在八周年之际，汽车4S店始终如一，懂得感恩，带给大家的依然是单纯的法兰西蓝色浪漫。

二、活动思路

一场好的活动可以在客户心中留下深刻的记忆，能给企业提高知名度和美誉度。本次汽车4S店八周年庆典活动将有别以往常规庆典活动。活动将坚持蓝色的浪漫为主线，全场布置以蓝色为主色调，创造浪漫氛围，悠扬的小提琴，生动的互动环节，新颖的抽奖仪式等，活动将以创意的方式带给客户不一般的体验与感受。在与客户共同度过浪漫之夜的同时，也让客户深深地感受到汽车4S店始终怀着感恩的心与客户分享。

三、浪漫氛围营造

围绕蓝色浪漫主题，整个氛围布置上以蓝色、白色为主色调，既突出了浪漫、简洁、大方，同时与品牌的格调相吻合。

（一）外场

正大门立大拱门，告示活动八周年庆典，增加喜庆气氛。外围设置建议不以常规的横幅为主，改成更能体现浪漫的花篮展示，大门两旁摆放20个精致的铁架花篮，以白色或粉色玫瑰为主，清新不失高贵，同时契合浪漫主题。花篮中间的夹道铺一条蓝色地毯至入口，整个格调相统一，同时外场更有了整体性。

（二）舞台与背景

以蓝色为主色调，背景设计大气简洁，以品牌商标为主，不宜过多元素，简洁而且大气，同时舞台地毯以银灰为主，同时舞台围裙以深色为主，元素为品牌商标，整体更有层次感，同时也能体现出一种档次。

（三）观众区

以圆桌式摆放，铺白色桌布，每桌放一小盆玫瑰插花，并且桌上放以蓝色、紫色为主的烛台，点点烛光在整个蓝色的氛围中闪闪发光，犹如浩瀚天空中的点点繁星，细节中体现出蓝色浪漫的主题。同时椅子套上白色椅套，与桌子形成整体性。休息区设置精致冷餐，桌布也采用白色为主的高贵色调。

（四）展厅二楼栏杆

用喷绘写真形式记录汽车4S店走过的8年历程，挑选每年具有纪念意义的活动，客户在进入会场能够一眼看到，让客户真切感受到汽车4S店与客户共同经历的这八年，更具感染力。

（五）天花板

通过灯光将品牌商标打到天花板上，品牌商标在天花板上移动，动静结合，使得整个空间充满了浪漫元素。

四、具体活动流程

具体活动流程

时间	工作事项	具体工作
6：00	现场布置完毕	音响、舞台、播放设备准备就绪；签到台、新闻稿、礼品、资料袋等准备完毕；演员开始彩排
6：30	现场人员就绪	演员彩排完毕，礼仪、签到等相关工作人员就绪
7：00～7：30	嘉宾签到	（1）礼仪小姐引导嘉宾、记者签到，发放礼品券 （2）为嘉宾佩戴品牌八周年的纪念徽章，徽章采用夜光材质制作，嘉宾佩戴它进入会场时，犹如蓝色的精灵在蓝色的天空中自由飞翔，浪漫的气氛逐渐动了起来 （3）签到阶段会场始终播放品牌宣传片，加深客户对品牌的印象
7：30～7：35	开场秀	影片播放停止，全场灯光骤暗，背景播放倒计时（从5开始），倒计完的瞬间，激昂音乐响起，灯光聚焦，烟雾弥漫中，一袭蓝衣的小提琴手上场，蓝色灯光配合激昂的小提琴演奏，开始了蓝色浪漫之夜，渲染整场气氛
7：35～7：45	主持人亮丽登场	追光灯亮起，主持人上场，串词渲染气氛，并介绍活动流程及到场嘉宾，宣布八周年庆典开始，邀请有关领导嘉宾致辞
7：45～7：55	领导（嘉宾）致辞	邀请公司领导致辞，隆重的出场音乐响起，领导上台发言，致欢迎辞，讲述汽车4S店走过的八周年历程，八周年所取得的突破与成就，感谢在场的嘉宾们八周年来的支持，同时展望未来
7：55～8：10	车型浪漫演绎	（1）主持人串词（追光灯） （2）介绍完毕，音乐响起，蓝色灯光照在舞台的车上，烟雾从车底冉冉冒出，在烟雾弥漫中，两名穿白色服饰的舞者从车中走出，翩然起舞，与车完美的动静结合
8：10～8：30	互动环节——心有灵犀	介绍完毕，主持人串词要开始互动游戏环节，有精美礼品相送。同时邀请8对情侣或夫妻关系的嘉宾上台比赛，比赛内容为大家所熟悉一个比划一个猜，不容易出现冷场，加上主持人煽情，很容易调动现场气氛
8：30～8：50	魔术表演	游戏完毕，主持人串词，有请知名美女魔术师登场，配合蓝色灯光进行炫丽表演，同时与现场观众互动
8：50～9：00	舞蹈表演	互动完毕，主持人串词请出舞蹈演员，在柔和的灯光中演绎难舍的浪漫情怀。音乐幽长，舞蹈以轻柔为主。表演过程空中飘下蓝色花瓣，极具浪漫色彩
8：50～9：10	抽奖环节	（1）主持人邀请公司领导上台抽奖，抽奖确定号码后，主持人请嘉宾取出自己凳子下的号码，中奖的嘉宾上台，领导给予颁奖 （2）在欢乐中结束整场活动，同时告知凭借礼品券可到签到处领取一份礼品

五、活动具体细节

1. 每个来宾签到时都可以领取一个汽车4S店八周年的纪念徽章，礼仪小姐协助别于胸前，每个人产生对品牌的认知。

2. 自由活动时间，自助餐布置得别具特色，咖啡杯和茶具以蓝色调点缀。
3. 所有工作人员统一着装，现场物料都以蓝色为主色调。
4. 现场设置灯光将品牌商标打到天花板上，使现场充满品牌元素，加深嘉宾印象。
5. 签到时只发放礼品券，在活动结束后再凭券领取。
6. 其他有关细节待进一步细化。

六、邀请名单及费用预算

略。

第六章
汽车4S店售后活动策划

- 第一节　汽车4S店售后活动认识
- 第二节　汽车4S店售后活动策划

第一节　汽车4S店售后活动认识

知识001：售后服务活动

售后服务，就是在车辆出售以后所提供的各种服务活动。售后服务是售后最重要的环节。售后服务的优劣能影响车主的满意程度。在购买时，车辆的保修、售后服务等有关规定可使车主摆脱疑虑、摇摆的心态，下定决心购买汽车。优质的售后服务可以算是品牌经济的产物，在市场激烈竞争的今天，随着消费者维权意识的提高和消费观念的变化，消费者们不再只关注产品本身，在同类产品的质量与性能都相似的情况下，更愿意选择这些拥有优质售后服务的公司。

知识002：售后活动的重要性

汽车界有一句名言："第一辆车是销售人员卖出去的，第二、第三辆车是售后服务人员卖出去的。"由此可见，大多数汽车拥有者对售后服务的关注程度极高。根据中国质量协会、全国用户委员会的一项调查显示，在所有关注因素中，汽车售后服务受关注程度高达9.55（最高值为10）。另据调查显示，售后服务的品牌以及服务的细致是大多数消费者较关注的两个方面。

所以，汽车4S店可以通过一系列的售后活动加强与客户之间的紧密联系，提升客户的满意度。另外，可以提升品牌的知名度，间接为4S店赢得更多的客户。

第二节　汽车4S店售后活动策划

策划001：常见的售后活动

汽车4S店常见的售后活动内容如下图所示。

内容一	代为客户安装、调试产品
内容二	根据客户要求，进行有关汽车保养方面的技术指导
内容三	负责维修服务，并提供定期维护、定期保养
内容四	为客户提供定期电话回访或上门回访
内容五	自驾游
内容六	车友会活动

汽车4S店常见售后活动内容

例如，荣威国内首创上门式汽车售后服务——宅捷修！一通电话，一声门铃，即享好男人上门服务。炎炎夏日，车辆的保养和维修工作是最让车主头疼的，因为这往往让他们不得不将大量时间耗费在4S店里。可是荣威车主则可以大大避免这样的烦恼，"尊荣体验·宅捷修"为他们提供了周到的"上门式"服务，酷热天气不用出门，只需在家"坐"享其成。

活动案例 ▶▶▶

宝马××4S店夏季售后促销活动

为了答谢广大新老客户对宝马××4S店的鼎力支持。在炎炎夏日之际，特举行服务月活动，并有小礼品赠送。详情请致电×××××××。炎炎夏日，丝丝凉意！

活动内容：

1.凡来店消费宝马客户加"××宝马4S店"微信即可获得200元空调消毒抵用券。

2.进店消费满1500元即送200元工时抵用券（每次限用1张）。

消费满2000元即送300元工时抵用券（每次限用1张）。

消费满3000元即送500元工时抵用券（每次限用1张）。

消费满4000元即送价值200元空调消毒券+500元维修礼券。

注：以上均除保修、事故外，赠送项目不重叠。

3.7月1日~8月31日，进店现金消费悦享保养套餐项目即可享受免费油液添加，并可现场抽奖，礼品多多，百分百中奖。

4.进店维修本次及上次报价项目享受配件工时9.5折优惠（除保修、事故、SRP项目外）。

5.燃油添加剂买六赠一。

6.在店更换两条轮胎即送四轮定位1次，更换三条及以上轮胎免更换工时费及四轮定位费。

7.进店自费钣金油漆享受工时8.5折优惠，钣喷消费折后满3000元赠送500元油漆抵用券1张（下次使用）。

（摘自易车网：http://m.yiche.com/）

活动案例 ▶▶▶

东风日产××4S店售后春季关怀活动启动

您爱您的爱车吗？如果爱，东风日产××4S店举办"售后新春关怀"活动之际，您就带您的座驾来此4S店吧，我店春季奉上免费车辆检测及其他优惠的服务，一定让您满意而归。

活动详情如下。

活动时间：即日起至×月××日。

活动车型：东风日产全系车型。

活动内容如下。

 1.活动期间，凡进店维修保养的东风日产××汽车均可享受车辆免费检测服务（每日前10名）。

 2.活动期间，东风日产××4S店车主提前致电本店售后服务热线预约维修、保养服务项目，均可获赠一份"春季关怀礼"，即维修保养工时8.5折，免费添加玻璃水。

 3.保养优惠套餐。
 ① 发动机下护板原价800元，会员价格650元。
 ② 东风日产汽车原厂精品机油（原厂半合成机油）原价280元/瓶，活动价格240元/瓶。
 ③ 新车养护宝原价150元，会员价100元。
 ④ 东风日产原厂地毯一套，原价380元，会员价280元。
 ⑤ 刹车养护套装（四合一）原价380元，会员价268元。

 4.活动期间，凡是在本店续保客户均可享受更多服务优惠。

 本活动最终解释权归××4S店所有。

（摘自汽车之家网 http：//www.autohome.com.cn）

 活动案例 ▶▶▶

沃尔沃××4S店新年售后大酬宾活动

 这个冬天有什么？有萧瑟的寒风？有干枯的树干？有结冰的马路还是有裹在羽绒服里异常臃肿的身躯？这些不美好便是冬天的代名词吗？沃尔沃××4S店要向冬天的不美好说不！这个冬天有"沃"不寒冷！

一、活动时间
　　××××年××月××日至××月××日。

二、活动主题
　　新年售后大酬宾，有"沃"不寒冷。

三、活动对象
　　××地区及周边地区所有沃尔沃车辆。

四、活动内容
　　温暖五重大礼！

　　1.温暖一重礼：活动期间车辆到店保养和维修工时费5折（不包含事故车），附赠价值1280元的32项检测，送沃尔沃烫金抽纸1盒、玻璃水1瓶。

　　2.温暖二重礼：单次单车消费500元以上，除享受温暖一重礼外，再送保养7折工时代金券1张（可下次来店保养使用）。

　　3.温暖三重礼：单车单日消费4000元以上，当日保养工时费全免！

　　4.温暖四重礼：2月底前凡在我店续保的客户，续保金额超过5000元（商业险），即可获得超值3800元新年售后大礼包！

　　新年售后大礼包：普通保养1次（普通机油，机滤）；全年12次免费洗车；500元保养工时费代金券（100元1张、200元2张，每次只能使用1张）；600元喷漆代金券（300元2张，每次只能使用1张）；价值1280元的32项全面检测服务。

　　5.温暖五重礼：活动期间所有原装精品一律8折优惠。

　　欢迎广大喜爱沃尔沃品牌的朋友到店试驾、品车。您的支持是对沃尔沃××4S店的最大肯定。

（摘自爱卡汽车：http：//newcar.xcar.com.cn）

 活动案例 ▶▶▶

××汽车4S店开展售后冬季关爱活动

　　好消息！好消息！××汽车4S店售后冬季关爱活动开始了。

　　初冬来临，为了保障出行者的安全，××汽车4S店冬季关爱活动正式启动。给您省钱、省时的同时还有好礼相送，这个严冬让您的爱车御寒由内至外。

一、活动时间

12月07日09：00～15：00。

二、活动地点

××汽车4S店汽车销售处。

三、活动内容

1.免费检查

17个免费检测项目，将针对涉及行车安全的项目重点检查（车辆动力制动系统、转向系统、安全带、轮胎等），并对相关常规项目进行例行检测（发动机机油液位、自动变速器液位、蓄电池、离合器、仪表盘等），以帮助车主冬季出行前及时了解车况，有效排除故障隐患。

2.上门保养

××县距离我市××汽车4S店相对较远，为方便客户保养上门服务，到场客户可享受工时费八折优惠。

3.精美礼品

凡到场维修、检测、保养的汽车车主均可享受本店赠送的精美礼品。

四、温馨提示

1.冬天气温低，因此冬季对轿车的润滑要求较高，对使用时间较长、颜色发黑、附着力变差的机油都应换，以保证发动机启动的顺畅。

2.防冻液：不同品牌、不同型号的产品不要混用，不同地区应注意防冻液的冰点。防冻液正常情况下每2年一换，但夏季的液面消耗量会比较大，许多车主发现防冻液亏损时都会在防冻液内直接混入清水，这时防冻液的浓度自然就会降低，所以在入冬前最好去4S店做1次冰点测试，以判断是否需要更换防冻液。

3.蓄电池：须检查熔丝盒。清洁、检查、及时更换有隐患的熔丝，保持熔丝盒干净，避免冬季黑天因熔丝问题而抛锚。同时，要确保检查蓄电池的电压在规定值。

4.空调：检查一下空调系统是否清洁，同时每周应开启5分钟左右，让机件得以润滑，防止软管硬化及制冷剂变质。

（摘自汽车之家网：http://www.autohome.com.cn）

运营002：售后活动组织开展

1. 整理客户资料、建立客户档案

客户送车进厂维修养护或来公司咨询、商洽有关汽车技术服务，在办完有关手续或商谈完后，业务部应于2日内将客户有关情况整理制表并建立档案，装入档案袋。客户有关情况包括客户名称、地址、电话、送修或来访日期，送修车辆的车型、车号、车种、维修养护项目，保养周期、下一次保养期，客户希望得到的服务，在本公司的维修、保养记录。

2. 根据客户档案资料，研究客户的需求

业务人员根据客户档案资料，研究客户对汽车维修保养及其相关方面的服务的需求，找出"下一次"服务的内容，如通知客户按期保养、通知客户参与本公司联谊活动、告之本公司优惠活动、通知客户按时进厂维修或免费检测等。

3. 与客户进行电话、信函联系，开展跟踪服务

业务人员通过电话联系，让客户得到以下服务。

① 询问客户用车情况和对本公司服务有何意见。
② 询问客户近期有无新的服务需求需我公司效劳。
③ 告之相关的汽车运用知识和注意事项。
④ 介绍本公司近期为客户提供的各种服务、特别是新的服务内容。
⑤ 介绍本公司近期为客户安排的各类优惠联谊活动，如免费检测周，优惠服务月，汽车运用新知识晚会等，内容、日期、地址要告之清楚。
⑥ 咨询服务。
⑦ 走访客户。

 【范本】××汽车4S店售后服务关爱活动宣传方案

××汽车4S店售后服务关爱活动宣传方案

为迎新春佳节，满足顾客节日前对车辆进行维修、保养，节日驾车出游的需要，即日起，××汽车4S店举办了"新春，送关爱"售后服务活动，如需春节前保养的客户要尽快抓住这个机会哦，4S店为您准备了超值的保养套餐，到店参加！

一、活动主题："新春，送关爱"售后服务活动。
二、活动地点：××汽车4S店。
三、针对人群：节前到店例行保养××轿车车主。
四、活动内容如下。

1. 活动期间例行保养使用美孚机油，即送机油格、汽油格。
2. 春节出行，免费24项全车安全检测、发动机舱清洗等附加服务。
3. 活动期间到店保养，消费满500元的客户，即可参与"新春，抽大奖"1次。

另外，第一个养护课堂1月20日顺利开课，本次活动邀请了新老客户车主到店，凡到店客户都可得到手电筒、日历等的小礼品，让车主们满载而归！本次爱车养护课堂由××汽车4S店服务经理×××主讲，主要讲解内容如下。

① 新车磨合期应该如何磨合，让爱磨合期过后发挥最大功率。
② 新年出行期间需要注意的事项。

③汽车基本知识内容，讲解汽车运行原理以及各个汽车配件的安装位置。
④节油知识讲解。
⑤车主在用车期间所遇到的问题。提出问题并现场研讨。

新的一年有你们的陪伴，有你们的支持，有你们的包容，有你们的理解，××汽车4S店才走得更稳，走得更好，相信有你们的支持，新的一年会越来越好，我们会更加努力地服务好每一位客人！

【范本】冷COOL到底，关爱健康——雪佛兰××4S店售后统一活动方案

冷COOL到底，关爱健康
——雪佛兰××4S店售后统一活动方案

一、活动概述

1.活动主题："冷COOL到底，关爱健康"。
2.活动时间：××××年×月××日～×月××日；连续2周。
3.目标人群：4个月未进站、用车1年以上的客户。
4.参与单位：雪佛兰××4S店。
5.活动形式：4S店通过短信及电话，邀请4个月未进站及用车1年以上的客户到店，进行优惠的冷却系统和空调系统维护服务，增加客户的安全知识，降低安全隐患

二、活动背景

××市春季杨絮、柳絮飞花及死去的昆虫等附着在水箱前部，影响散热效果，轻则水温升高，空调制冷效果不良，重则发动机过热开锅，直至粘缸、拉缸报废。空调滤芯脏堵严重会影响空调制冷，也直接影响着车主的身体健康。

三、活动目的

（1）增加进场量，提高产值，让用户在炎热的夏季有一个清凉的用车环境。
（2）详细记录客户用车信息，为下次预约做准备。
（3）提升客户忠诚度。

四、活动流程

五、活动内容

1.活动分工

活动分工

序号	部门	时间	项目内容
1	市场部	提前1周	制作、布置宣传品
2	业务部	提前1周	背熟并理解活动话术
3	配件部	提前2周	储备活动相关配件
4	车间	提前1周	进行活动前业务培训
5	客服部	提前1周	筛选、联系相关客户
6	销售部	提前1周	了解活动情况、适时引导

2.活动话术

（1）车辆在长期使用后，冷凝器和水箱夹层是难以清洗的，如不及时加以清理，会影响到车辆的制冷效果，增加发动机负荷，引发耗油加大、磨损加剧、噪声增大等。

（2）车用空调在使用中，因道路环境复杂，极易产生污染，空调滤芯会很快脏堵，堆积的污物又是霉菌的"安乐窝"，如不及时更换空调滤芯和清洗蒸发箱及风道，很容易使人患上空调病，严重影响身体健康。

3.活动短信

×月××日～××日雪佛兰××4S店举办"冷COOL到底，关爱健康"活动。帮您消除夏季高温隐患，为夏季舒适用车做好准备。详情请致电垂询，电话××××××××。

六、总结要求

所需内容如下。

（1）活动1周前进厂量统计。

（2）活动期间进厂量统计。

（3）活动现场布置照片。

（4）活动照片。

（5）客户活动反馈。

（6）活动效果评估。

（7）对活动的建议和意见。

【范本】夏日炎炎，消暑纳凉——奇瑞××汽车4S店夏季关爱活动

夏日炎炎　消暑纳凉

——奇瑞××汽车4S店夏季关爱活动

一、活动目的

（1）通过夏季免费检查活动，保持汽车良好的技术状态，延长汽车的使用寿命。

（2）通过夏季活动，维护客户资源，吸引客户回站，增加回厂率。

（3）通过夏季活动，加强消费者对奇瑞服务品牌的认同感，提升消费者满意度。

二、活动主题

夏日炎炎，消暑纳凉——奇瑞××汽车4S店夏季关爱活动。

三、活动时间

×月1～30日。

四、活动对象

奇瑞××汽车4S店新老客户。

五、活动简介

夏季服务活动盛情开启，更悉心的服务，更充实的优惠，奇瑞为您带来夏日活力。

六、活动内容

1. 关爱一：夏季爱车免费检测

活动对象		4S店新老客户
活动内容		对所有车辆空调系统、冷却系统等进行免费检测
活动要求		（1）本次活动根据服务预约流程做好相应的预约工作，邀请用户回店，确保活动的顺利开展和执行 （2）按公司的统一格式自行打印制作检测表，并按照表中所列的项目对用户车辆逐项进行检测；同时也可以根据自身的情况增加其他检测项目 （3）通过调整或清洗处理可以排除的故障不收取费用，如需进一步维修应事先建议用户开单报修 （4）根据客户的使用情况和行驶里程，为车主提供合理的保养和使用建议，从而使车辆在安全性和舒适性等方面得到保障，让用户可以安心驾乘而无后顾之忧
操作流程	用户预约	用户致电4S店预约夏季免费检测，由服务顾问详细询问并记录用户车型信息、预计到达时间、预约项目或故障问题；服务顾问为用户预定维修工位并安排维修技师
	服务接待	用户送车至服务站，服务顾问接车，并安排用户至休息区休息或告知用户交车时间
	车辆检测及维护	由维修技师对车辆进行检测和保养；涉及收费的维修项目需及时知会用户并取得用户同意
	交车	检测、保养、维修后交车给用户，并征询用户满意度

2. 关爱二：备件优惠

活动对象	4S店新老客户
活动内容	针对夏季用车特点，进行空气滤清器滤芯、雨刮片等备件8折优惠
促销备件明细及价格	略
活动要求	（1）做好相关备件的储备及准备工作 （2）服务经理、服务顾问、备件经理、备件员等相关工作人员应培训到位，熟知活动相关内容 （3）活动期间，促销备件终端执行价必须按公司统一要求予以执行

3. 关爱三：预约有礼

活动对象	4S店新老客户
活动内容	对所有车辆空调系统、冷却系统等进行免费检测
活动目的	加强客户预约意识，提升客户满意度；通过预约实施，进行分时营销，避免服务站服务高峰
活动内容	除电话预约之外，增加网络预约服务，并将预约项目包装为本季重点推广服务产品，借活动契机推广。活动期间通过网络预约的客户可赢取奇瑞精美车模等奖品
活动细节	（1）预约宣传：对活动期间进店的客户，服务顾问应主动对服务预约进行宣传，提供客户预约电话 （2）预约执行：严格按照服务手册第十册《客户资源管理》中的《预约管理》执行 （3）对预约客户应提供以下服务：开通绿色服务通道；预约成功的客户可享受预约绿色服务通道，无需排队等待，预约进站车辆可用显著车灯或其他标识；建立预约专署工位，预约成功的客户可享受到预约专用工位服务 （4）考核：对活动期间因人员执行不到位导致预约客户抱怨的，将严格按照公司抱怨处理相关规定进行考核

4. 关爱四：进店有礼

活动对象	4S店新老客户
活动内容	活动期进店客户均有机会获赠奇瑞保养维修代金券
奖项设置	一等奖10个，1000元保养维修代金券 二等奖50个，500元保养维修代金券 三等奖100个，100元保养维修代金券 所有中奖客户将附赠《瑞友》杂志1本
活动执行	（1）客户进店后，服务顾问应择机告诉客户幸运抽奖活动，进行活动宣传 （2）活动抽奖将分为×月15日、×月30日2次抽奖，其中，15日抽取三等奖（抽奖目标1～14日进站客户），30日抽取一、二等奖（抽奖目标1～30日进站客户），中奖信息将于后期另行通知 （3）4S店应及时在本地区网络论坛、平面媒体等宣传中奖信息，吸引客户回店 （4）客户中奖后，将由奇瑞公司邮寄盖章的保养维修代金券，客户凭代金券至店使用，使用后，代金券由4S店收回邮寄奇瑞公司，以返利形式兑现

七、客户邀约话术

1. 电话邀约

先生/小姐，您好！

　　为感谢您一直以来的信任与支持！奇瑞××4S店特举办夏季服务活动，活动包括免费空调系统检测、免费冷却系统检测，电器系统、行驶系统检测也完全免费，还有诸多备件优惠！为了更好节省您的时间，您可以致电我公司（服务顾问）进行电话预约，或登录奇瑞公司官网，进行网上预约，预约成功的客户可享受多项尊贵服务，凡进店维修保养用户，均有机会参与抽奖活动，惊喜大礼千万别错过！

　　　　　　　　　　感谢您的聆听，祝您事业、生活，一路畅行！

2. 短信邀约话术

尊敬的奇瑞××4S店车友，期盼已久的"夏季关爱"活动正式启动啦！

您可享受免费系统检测、备件优惠多项服务，通过电话或网络预约还可享受尊贵服务和抽取预约礼品，进站维修保养更有机会赢取大奖！还等什么？奇瑞××4S店，等候您的莅临！

咨询热线：××××××××。

第七章
汽车4S店厂家活动策划

- 第一节　汽车4S店厂家活动认识
- 第二节　新车上市推广活动策划

第一节　汽车4S店厂家活动认识

知识001：何为厂家活动

作为厂家在某个区域的汽车4S店，需要配合厂家进行厂家相关活动推广。如新车上市、假日促销、品牌车友活动组织等。总之，汽车4S店是本品牌在该地的代表，必须起好"代言"作用。

知识002：汽车4S店与厂家活动关系

汽车4S店在提升汽车品牌、汽车厂家形象上的优势是显而易见的。因此，如果厂家有活动，汽车4S店必须做好相关配合工作，塑造品牌形象。

活动案例 ▶▶▶

4月11日举办第九代索纳塔新车上市会

本月11日，××市北京现代××4S店即将举办第九代索纳塔上市发布会，同时举办北京现代全系车型团购会，只要您当天订车或交款就能尊享团购最低价，只限活动当天。

进店有礼——凡是进店客户即可获取精美礼品1份。

有奖问答有礼——在活动中，我们会提出5个问题，凡是回答正确的客户，即可获得好礼1份。

幸运有礼——在活动中，我们会在进店客户中随机抽取5名幸运观众，送出好礼1份。

时尚的演出、精美的礼品、超值的优惠政策。我们在11日恭迎您的光临。

咨询热线：××××××××。

地址：××区××汽贸城北京现代4S店。

（摘自汽车之家网：http：//www.autohome.com.cn/）

活动案例

聚焦五一全民点赞——吉利GX7新车上市会

吉利××汽车4S旗舰店5月1日邀您相聚国际会展中心汽车博览会，2014年款吉利GX7新车荣耀上市，千万别错过！有惊喜？当然有！有大奖？当然有！有优惠？当然也有！如果您不想错过，那就来吉利汽车展位赏车，全城"底"价，全民疯抢。

车展期间吉利老客户凭行驶证可领取价值270元的精品券1张，并且老客户转介绍客户成功购买赠送保养1次！聚焦五一，全面点赞行动开始了，关注吉利××4S旗舰店公众微信平台，转发本次活动至朋友圈集赞30个送精美杯子1个，集赞50个更送汽车香水1瓶。还有二手车置换活动，旧车最高可8折置换吉利指定车型，让您马上有新车！

吉利汽车××4S店是××市唯一吉利官方授权的4S店，我们秉着"品质服务赢未来"的口号赢得了无数广大消费者的支持与喜爱，只要您想买车，诚意有多大，我们的优惠就有多大，一切只为您着想，满足您的购车梦！订详情请关注吉利汽车××4S店微信或咨询吉利汽车××4S店销售热线：××××××××。

活动时间：5月1～3日。

活动地点：国际会展中心吉利汽车展位。

（摘自太平洋汽车网：http：//www.pcauto.com.cn/）

第二节　新车上市推广活动策划

开展新车上市活动，可以增加新车型，扩充产品线，获得更多销售量；增加更多潜在客户，获得更多销售机会；提升老客户及潜在客户的关注度；扩大品牌、产品、汽车4S店的市场影响力；吸引竞争对手的客户，牵制、甚至控制竞争对手。

要点001：前期准备工作

汽车4S店在新车上市前1个月内，需要做好前期准备工作，如下图所示。

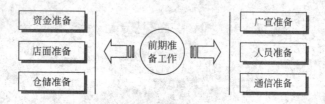

前期准备工作

（一）资金准备

车款：足够的车源可以加大销售量。
备件款：新车款需要备有较多备件。
精品款：精品的利润空间很大，可以提前准备精品。

（二）店面准备

① 新车型上市前1个月，厂家未发布相关宣传物料制作与展厅布置的通知之前，汽车4S店可自己制作海报、易拉宝、店头横幅等，预先宣传。
② 做好店内新车型主展厅和门头的布置准备，并保证展厅内大客流量的参观空间。
③ 根据厂家下发的关于物料制作的标准、宣传物料标准板式的通知，在规定的时间内安排好相关物料的制作。
④ 根据厂家下发的关于店面布置标准的通知做好店面布置，在规定的时间内将布置好的店面、照片反馈至销售部督导处、区域经理和品牌部负责人。

（三）仓储准备

新车型库房准备。仓库空间及货架准备包括备件、精品、广宣物料。

（四）广宣准备

提前1个月规划新车型上市的推广活动方案，至少每周1次，把握促销时机。厂家宣传物料准备，由品牌部提供制作文件后进行制作。汽车4S店专用物料准备，如汽车4S店专用车贴、铭牌等物料制作，为各类宣传活动（如巡展、移动4S）做准备等。

（五）人员准备

在新车型即将上市之前，开新车型动员会，以激励人员提前进入新车型上市前期准备状态，积极应对新车型上市。

① 如果汽车4S店的人员结构较大，可以进行分组，建立新产品经理，以促销售。

② 激励体制准备：制定新产品上市期间人员激励体制。

③ 如果汽车4S店人员较少，无法分组，建议用以下方式促销新车型。

a.销售顾问薪酬：加大新车提成。

b.销售顾问任务量：加大新车型的任务量，对新车型上市初期1～2月内，可将新车型制定最低人均任务量，同以往其他车型任务进行捆绑，新车型最低任务未完成，则适当扣减其他车型提车。

c.捆绑型销售。每月销售顾问需卖到规定的新车型数量，才可以拿到所卖车型的提成。

d.鼓励单个销售顾问积极主动卖新车型。

④ 销售类培训：销售人员参加培训部组织的新产品知识、话术、竞品等相关培训。

（六）通讯准备

① 新车型上市前1个月，通过短信或者电话通知意向和保有客户关于新车型上市的相关信息。

② 确保足够、专业的互联网客户服务人员、电话销售人员到位，并制定新车型上市相关工作人员的工作规范和制度，要求所有客户服务人员、销售人员保持手机24小时开机。

③ 进行工作宣导，明确互联网客户服务人员、电话销售人员的职责分工，并对其进行客户服务礼仪和电话洽谈技巧的培训。

④ 确保足够、高质量的通信设施准备到位。

a.建议安装智能销售热线电话，一部电话同时设定几条分线，为避免占线，该电话只允许接听，不允许拨打。销售热线设定转接功能，如果客户下班期间打入销售热线，可直接转接到指定客服人员的手机上。

b.建议购置安装互联网呼叫中心软件，该软件的功效在于客户拨打该咨询电话之后，便会有电话语音提示，该软件自动将拨入的电话显示到互联网上，指定专职工作人员针对显示到互联网上的电话进行回访。

c.建议购置安装中继线，该电话线路可以容纳8个电话同时拨打进来，指定专职工作人员分别接听电话。

要点002：预热期工作

新车型上市前15天，为预热期。汽车4S店要做好预热期工作。

（一）广宣预热

海量广告宣传能够扩大上市氛围，吸引更多客户眼球，提高品牌知名度，最终实现销量提升。厂家通过大型媒体来发布信息、给新车型做广告是为了让消费者购买新车型，而汽车4S店要让消费者知道去哪里买新车型。

（1）硬广宣传　效果最明显的宣传方式，每周1次，可以加强宣传力度。

（2）软文宣传　由公关部提供宣传软文后大力宣传。

（3）活动宣传

① 前期通过举办活动提高汽车4S店出售新车型的宣传，如"价格预猜"。

② 增加提醒：任何巡游、巡展、移动4S、商超展示等外拓活动现场，都添加新车即将上市的预热信息。

③ 配合厂家在上市日起将相关户外信息更改为新产品画面。

（二）人员预热

充分消化厂家的销售类、售后技术类、服务类培训并通过相应的考核。强化销售人员新车型的产品知识、话术、竞品等相关培训，为后期客户的询问做好充分准备。

要点003：上市前期相关工作

新车型上市前1周内，汽车4S店要做好相关准备工作。

（一）上市活动前期准备

1.上市日期的选择

① 如果当地有车展，最好是在车展上市，可以提高宣传效果。

② 如果有重要节假日，可以选择在节假日上市，可以提高宣传效果。

2.上市的前期准备

上市的前期准备见下表。

上市的前期准备

项目	执行要求	责任人
媒体邀约	邀请当地媒体（包括平面、电视、电台、网络）新闻的栏目负责人，确保发稿质量	汽车4S店总经理或策划人员
嘉宾邀请	邀请当地重要人士及行业领导，增加影响力	汽车4S店总经理
新闻通稿	在活动1周前准备好	公关部写作组提供
消息发布，意向客户、保有客户邀约	销售人员各自通过短信、电话、当面等形式，邀约各自负责的订车客户、老客户和意向客户	各销售人员
上市地点	地点选择在当地商业圈大型商场或汽车4S店店，并邀请媒体到场	汽车4S店品牌经理
活动现场布置	包括物料准备（如横幅、背景、舞台、音像、媒体座位等）	汽车4S店品牌经理
活动后勤车辆	媒体接送车辆以及后勤车辆	汽车4S店品牌经理或专人
主持人准备	邀请电台、电视台或专业主持人	汽车4S店品牌经理
发言车主	邀约形象好、有代表性的车主	汽车4S店品牌经理
媒体发言代表	如果设有媒体提问或者发言环节，尽量事前安排关系好、语言能力强、对本品牌较了解的媒体记者	汽车4S店品牌经理
休息室的布置	嘉宾、记者休息处（包括招待烟、打火机、烟灰缸、矿泉水、茶水、服务生）	汽车4S店品牌经理

注：1.整个活动穿插趣味节目和互动活动以吸引人气。

2.专人负责安排好媒体现场座位，做好媒体接待工作。

3.销售人员到位安排活动场外试驾活动，发放产品数据，接待看车客户。

4.现场拍摄照片。

5.应对突访记者（送精美礼品/企业资料）。

（二）车辆准备

车辆的PDI检查，展厅的车辆需保持清洁，并按店面要求布置展车，准备试乘试驾车辆并进行PDI检查。

（三）现场准备

1.活动场地选择
① 根据新车型的特色营造适合的氛围。
② 活动场地需要经过实地勘测后方能确定。活动前5天开始着手准备搭建准备工作。
③ 上市活动也可以选择在汽车4S店店内开展。

2.活动物料明细
① 上市用车　一台用于静态展示，两台用于媒体试驾。
② 舞台搭建　背景板、X展架、休息椅、迎宾指示牌、签到用品、灯光、音响。
③ 宣传材料　数量根据当地媒体情况而定。
④ 后勤物料　酒水、饮料、水果、点心、纸巾、服装。
⑤ 礼品　建议采用厂家精品部制作的印有厂家标志的礼品。

3.活动媒体邀请
邀约媒体主要为当地主流平面媒体，当地电视台社会新闻类节目和汽车类节目。以新浪、搜狐、汽车之家等全国性网站为主。
① 要让被邀约的人员知道流程安排。
② 邀约要进行确认，并让邀约人员知道有礼品奉送。主办方要预估人员，准备数量相当的礼品。
③ 邀约方式通过发邀请函和电话确认方式，活动前发短信最终确认活动时间和地点。

4.活动前期培训
① 人员：培训应包括所有参与的工作人员。
② 时间：上市前3天应结束培训。
③ 内容：应以工作流程、分工、职责以及服务规范为重点。
④ 针对新车型上市的相关话术进行培训。

5.活动信息发布
① 厂家配合公关部，活动前1周向媒体发邀请函，并进行电话邀约。前3天请相关媒体进行预热宣传，并在上市活动结束后进行集中报道。
② 有条件的汽车4S店也可以在巡展前对活动进行线上宣传，比如报纸、软文和广播等活动信息告知。

（四）物料准备

① 精品准备：提前准备充裕的精品为销售带来更多利润。
② 备件准备：常用件和易损件备齐，检查备件的状态，新车型备件货架设置的熟悉。
③ 设备准备：预留新车型维修工位，保证所需设备与工具的正常运转与使用，设备与工具的全面检修。
④ 新车准备：保证销售车辆和巡展车辆、宣传车辆的供给。
⑤ 上市现场需要准备的物料见下表。

上市现场需要准备的物料

序号	名称	序号	名称
1	地毯	13	交车用钥匙
2	模特服装	14	胸花
3	礼炮	15	刀旗
4	音响	16	横幅
5	易拉宝	17	互动小礼品
6	背景板喷绘	18	气球
7	舞台搭建	19	上市现场横幅
8	交车车主红花	20	店面横幅
9	签到册	21	发布会现场媒体座椅
10	签到笔	22	揭幕用幕布
11	礼仪	23	企业资料袋
12	新品资料	24	礼品

（五）集客准备

通过电话、DM（直接邮件）、横幅等方式，把新产品即将上市的消息发布给老客户、前期来店（来电）登记用户及本区域内的潜在目标客户群体，并邀约他们上市后来店参观及试乘试驾，新车型上市前1～2天确定要来用户名单。采用包含且不限于如下一切可用手段做到以最大化的告知为原则。

① 电话告知——必做。

② 区域短信通告——必做（可联系电信局）。

③ 汽车4S店在当地主流网络论坛进行发帖及跟帖或者发软文，此项工作的监控由区域经理及网络组来负责。

④ DM（直接邮件）。

（六）库存建立

① 在上市前1周必须准备充分的车源，以满足客户需求。

② 如果是新车型，还需准备充足的精品、备件，如果是改款车，则可以准备少量的精品、备件。

（七）人员准备

① 上市前1周，调集所有人员，确保上市当天人力最优分配。上市前1天开动员会，布置工作，调动好全体人员的积极性，并做好明确的人员分工。

② 提前准备好主持人现场串词，并要求进行彩排，以确保上市当日不出错及有效地煽动现场氛围。

③ 销售人员复习新车型的产品知识、话术、竞品等相关资料，重点培训订单的收集技巧。

④ 建立危机管控小组，防止竞品、媒体、客户等突发事件。

（八）动员会

在上市前1天，由区域经理组织汽车4S店所有人员召开动员会，为第2天上市活动做好准备工作和做战前动员，提高大家士气。

① 需要提前对模特和其他邀请的演艺人员进行简单培训。

② 对销售人员交代好各自的工作，建立工作监控联系表人手一份，让每个人都清楚自己的职责，预防突发事件找不到可以负责的人，整体防控，做到滴水不漏，为第2天上市有序进行做好准备。

③ 对第2天的流程进行再次确认，确保上市活动准确无误。

④ 对前期的重点工作进行检查、确认。

⑤ 祝第2天上市成功。

【范本】××汽车4S店"××××"杯活动策划案

××汽车4S店"××××"杯活动策划案

一、活动目的

继续营造××赛车运动和××产品在市场上的高热度。通过为消费者带来更多的精彩活动以传递"活得精彩"的品牌主张。提升消费者对于产品和品牌的忠诚度。帮助××汽车4S店与车主及潜在消费者之间保持更为紧密和更有吸引力的关系。为改款车型的上市及销售造势。扩大××产品的热卖，并由此拉动其他产品的销售业绩。

二、活动流程及时间

活动流程及时间如下图所示。

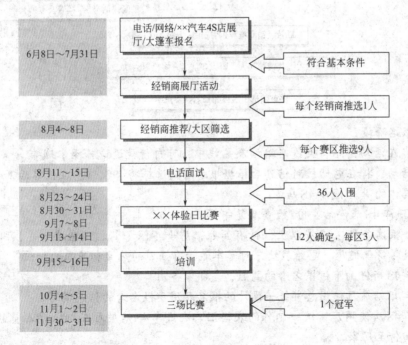

三、整体行程

整体行程如下图所示。

		招聘			选拔			赛事	
5月	6月	7月	8月	9月	10月	11月	12月
报名	6月8日~7月31日						
经销商推荐/大区评选		8月4~8日					
入围入选电话面试		8月11~15日					
××体验日			8月23~9月14日				
12名确认选培训（待定）				9月15和16日			
3场比赛/总冠军					10月4~11月31日		

四、活动执行流程

活动执行流程如下图所示。

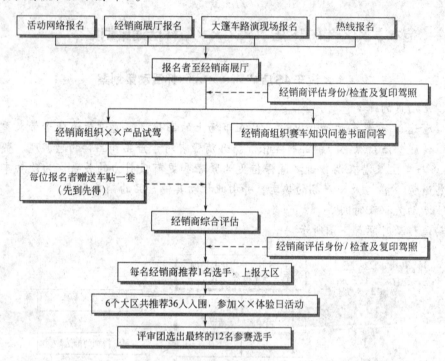

五、报名阶段

报名者在活动网站、大篷车路演及热线中，可自行就近选择至本城市××汽车4S店店铺参加活动，将在电话核对信息后根据报名者的选择将个人信息在报名后3~5个工作日内传至具体的××汽车4S店。

（一）汽车4S店评估身份/检查及复印驾照

1.符合报名条件：22岁以上，持有驾照，男女不限；驾驶经验丰富；1年内无全/主责交通事故；身体健康，思维敏捷；对赛车运动有强烈的热诚和基本的知识。

2.汽车4S店仔细审核报名者的驾照，复印以备用。

3.汽车4S店展厅使用总部统一设计的报名表用于报名者的信息填写。

4.汽车4S店使用厂家统一制作的表格汇总在汽车4S店展厅参加活动人员的数据，并每周定期回传至厂家。

（二）汽车4S店组织××产品试驾

针对已经报名且符合报名资格的来宾，汽车4S店使用展厅现有××产品试驾车组织来宾进行短途试驾。

试驾道路选择：展厅附近交通流量较小的道路，路线中应在道路许可行车安全的前提下，尽量安排一些连续弯道或弯角较大的弯道，供客户充分体验车辆的安全精准驾驶性能。

客户在进行试驾时，每辆车必须安排一名销售顾问陪同试驾，建议陪同人员坐在副驾驶位置，为试驾客户给予介绍和指导。

试驾人员同时对参加试驾的客户做出驾驶技能的评估，评估表格由市场部赛车团队统一发放，××汽车4S店根据评估表所列标准对试驾者评分，分数作为赛手推荐的依据之一。

（三）汽车4S店使用赛车知识问卷组织书面问答

参加完××产品试驾的客户会被邀请参加赛车知识问卷问答，问卷由专业的试驾公司设计，汽车4S店根据先期提供的答案对已提交的问卷进行评分，分数作为赛手推荐的依据之一。

参加完××产品试驾及赛车知识问卷填写的客户将会获赠"×××杯"车贴1套，每家汽车4S店店铺数量有限，先到先得。

六、推荐评选阶段

（一）汽车4S店综合评估/推荐

汽车4S店制作人员推荐表，每个汽车4S店限推荐1名，被推荐人员提供个人电子格式生活照1张。

（二）汽车4S店推荐标准

汽车4S店推荐标准包括以下内容。

（1）驾驶技能评估和赛车知识问答中总得分最高，并结合汽车4S店的综合测评和考量。

（2）可以有时间参加下阶段赛事。

（3）符合活动及"活得精彩"品牌的年轻、时尚、活力、富于冒险精神的形象要求。

七、电话面试

1. 总部根据赛车团队转交的名单，对名单上36名正选和12名候补人员进行电话面试。

2. 面试内容为各项个人信息确认及综合素质评估，具体内容由总部负责发放。

3. 12人候补名单由大区制定，如入围名单中出现不合格者，原则上在其所在大区候补名单内替换，替换由各大区及市场部赛车团队决定。

电话面试后，根据评估由各大区和市场部赛车团队确定36名入围选手。

八、××体验日活动

在全国场地锦标赛的四个专业赛车场，划分成四个赛区，就近安排各大区的36名入围者进行1天的"×××杯"体验日活动。

详细时间及地点可能根据具体情况有所调整，36位入围者至赛场的往返交通、住宿、餐饮由市场部赛车团队统一负担。

九、12名赛手培训

培训12名确认赛手使其适应赛道，并获得进入标准赛道竞赛的认证执照。12位赛手至赛场的往返交通、住宿、餐饮由市场部赛车团队统一负担。

十、"××××杯"比赛

所有的选手将会参加3轮比赛，最终将根据针对3轮比赛的综合评估产生1名冠军。

"××××杯"将会安排在赛车之前或者之后，会由现场的装饰布置来进行标识区分。

每组选手先接受1天的培训，再进行正式比赛。所有的选手将会得到1套赛车制服。12位选手至赛场的往返交通、住宿、餐饮由市场部赛车团队统一负担。

12位选手在3场"××××杯"比赛结束后将根据成绩分出分站赛的冠、亚、季军及赛事总冠军、亚军、季军。

【范本】××汽车4S店新车上市活动方案

××汽车4S店新车上市活动方案

一、活动目的

（1）突出××品牌汽车的独有特点，提升品牌形象。
（2）强化××汽车在受众心目中的知名度和美誉感。
（3）体现××汽车的国际化风格，营造现场气氛。
（4）介绍××品牌及产品特色，形成与竞争对手的差异化营销。

二、活动主题

商务风范　尽显尊崇——××汽车新车上市发布会。

三、活动构成

新车亮相/品味演出/现场交流。

四、活动时间

略。

五、活动场地

略。

六、参加人员

客户、媒体记者、4S店领导及员工。

七、活动流程

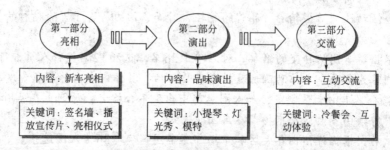

时间	内容
14：00～14：30	来宾签名、入场
14：30～14：35	主持人开场
14：35～14：40	领导一致辞
14：40～14：45	领导二致辞
14：45～14：50	××宣传短片
14：50～14：53	灯光秀
14：53～14：54	新车亮相（可配合设置对比车型××）
14：54～15：00	钢琴/小提琴伴奏+模特表现
15：00～16：00	主持人宣布冷餐会开始，由技术人员进行新车介绍，来宾可自由赏车
16：00～	活动结束

八、流程描述
1. 签到及礼仪安排（亮点一）

内容	时间	描述
来宾签到	30分钟	所有来宾到场后，由礼仪引导至签名区，签名区由礼仪小姐递上签字笔，每位来宾在特制的签名墙上留下珍贵的签名，贵宾由礼仪小姐系上独有的手腕花 礼仪小姐采用专业模特，体现出活动的高品质，着装采用美丽大方的礼服以增加活动的气氛

2. 领导致辞

内容	时间	描述
领导致辞	10分钟	讲话：待定 运行：礼仪小姐引导嘉宾上台 背景：嘉宾登台时雄壮的音乐打造现场气氛

3. 宣传片（亮点二）

内容	时间	描述
宣传片	5分钟	准备××的宣传片，利用场景布置中的大型荧幕，向与会来宾展现出的品牌及文化形象 大型的投影屏幕给来宾以视觉冲击力

4. 新车亮相（亮点三）

内容	时间	描述
灯光秀、新车亮相、钢琴+模特	10分钟	大屏幕宣传短片播放完毕，在来宾沉浸在视觉的冲击力后，余兴未尽，配合激昂的背景音乐 音乐达到高潮，所有灯光效果集中于遮掩新车的绸质纱幔上，突然纱幔垂下，烟机等配合渲染效果 纱幔垂下瞬间，新车旁的钢琴声响起，配合模特的现场表演，演绎××的商务风范

新车亮相时，由小提琴配合车模演艺××品牌诉求与文化内涵，整体环节与新车亮相衔接紧密，同时配合一定的灯光效果，突出新车，表演者与××品牌浑然一体而不喧宾夺主。

5. 冷餐会

内容	时间	描述
冷餐会、新车介绍及对比	60分钟	发布结束，主持人宣布冷餐会开始，来宾可自由赏车，自由交流。其间专业技术人员配合大屏幕PPT进行技术讲解，模特在车旁配合讲解过程，当讲到车的某个部位时，模特配合指引 邀请4名专业调酒师、糕点师（可选择合人商莫菲蛋糕）现场进行花式调酒、糕点表演，为来宾制作精美的甜点

为了营造现场轻松和谐的氛围，方便来宾的会后交流，现场为来宾准备少量的饮料品尝，同时安排专业的糕点师现场表演。

九、细节策划
1. 手腕花

为了体现来宾的尊贵，向每位与会的来宾提供一个手腕花，增加活动的气氛，让来宾体会到高品质的服务感受。

2. 礼品

所有来宾到达后签到时，由工作人员向每位来宾赠送一份精美的纪念品，并提供××汽车的资料袋。充分体现××汽车对来宾的亲切关爱和周到服务。

十、活动视觉

1. 签到区

（1）位置：签名区设置在宴会厅外，搭建6米×3米的大型签名背景墙，签名背景墙前方设置不等高的梯步，方便来宾签名。

（2）设置方式：签名墙设置于签到处的一侧，采用木制结构，采用写真画面。

（3）服务：签名墙前方配备2名身着晚礼服的礼仪小姐，提供周到细致的服务。

2. 会场区

（1）主舞台：主舞台中央采用大型的屏幕（4米×3米）投影机，根据活动的具体时间流程变换不同的背景画面；屏幕两侧面设置冰纱特殊造型，可投射电脑灯图案，背景右侧前方设置讲台背景，左侧前方设置展示车辆，车旁配合钢琴，亮相前车辆和钢琴由弧形的冰纱遮挡；舞台上铺设灰色地毯。

（2）来宾区：来宾区四周配有少量的沙发供来宾休息；来宾区右侧面配有餐台；所有来宾在活动进行时可随意走动、交流，营造冷餐会轻松、和谐的氛围。

（3）其他设施：来宾区的左侧设置灯光、音响、视频的控制台。

3. 其他设置

指示系统：从大厅到活动场地的各角落设置明显的指示系统，导示来宾的行动方向。

4. 平面规划

略。

十一、应急方案

1. 现场设置保安人员，及时处理突发事件。

现场安全工作分配如下。

（1）安全控管1名；

（2）保安总负责人1名；

（3）活动场地外围站位2名。

保安人员工作时间从14：00到18：00，至所有人员离开现场为止。

2. 确保场地电力资源安全，保证活动的顺利进行。

十二、活动预算

略。

【范本】××汽车4S店新车上市发布会

××汽车4S店新车上市发布会

一、活动主题

××汽车新车上市发布会。

二、活动时间

略。

三、活动地点

略。

四、参与人员

厂商代表、媒体人员、潜在客户、老客户、行业人士。

五、邀请方式

电话邀请、请柬派送。

六、活动内容

热场节目+领导讲话+新车亮相+新车讲解+品酒赏车+媒体见面会。

七、活动目的

1. ××汽车上市，利用震撼力的媒体告知和促销说明工具，充分传达××汽车上市信息，让客人切实感受到新车所带来的新鲜感受。

2. 结合××市区域特点，通过个性的系列活动，吸引社会公众关注。扩大××品牌市场影响力。

3. 邀请××市主流媒体记者、业内人士、新老客户等参与活动，扩大影响，增加4S店与媒体、行业人士的沟通。

八、现场布置

序号	位置	所需物料	安排人员	操作
1	展厅门口	指示牌、红地毯	2名礼仪	铺设通向会场的单道红色地毯，并在展厅门口处摆放指示牌，指引来宾顺地毯方向进入会场签到处
2	展厅入口（推拉门处）签到处	签到桌、签到墙（2米×3米）	2名礼仪	来宾在签到册上签到，签到墙上留名，礼仪小姐引领入场
3	入场通道	红地毯	2名礼仪	红地毯铺设至会场，拐角处礼仪小姐指引方向
4	会场入口	—	2名礼仪	礼仪小姐站立，手势欢迎
5	舞台	红地毯、麦克风支架、主背景、演讲台、投影幕布、绿植	—	红地毯覆盖舞台、中央放置麦克风支架、右侧面放置演讲台，舞台正面主背景搭建，主背景两侧投影幕布悬挂

续表

序号	位置	所需物料	安排人员	操作
6	舞台左边	音响设备、演员休息区	音乐DF	音响设备布置在舞台两侧,音响控制台在舞台左侧,至门口区域的演员休息区
7	会场顶部	PS吊旗	—	顶部悬挂串旗
8	会场地面	红地毯(待测)	—	全部红地毯覆画
9	展车位	红地毯(3米×6米)×2,红绸盖×2	2名车模特(男女)	展车位用红地毯覆盖,与其他位置区分 一对男女车模展示
10	餐饮区	一张长条餐桌,媒体采访区桌牌	2名礼仪	会场划分展车区、餐饮区,中间用帏布隔开,礼仪小姐提示展示时刻不能进餐饮区
11	展厅正门上方	2.0米上市条幅	—	条幅布热转印
12	展厅玻璃	2.0米玻璃幕单透喷绘画	—	
13	展厅至园区正门大道两侧	广告灯箱1个	—	上面写明展厅位置及车辆图片
14	园区正门外两侧	每侧4个空飘,下挂2.0米上市条幅	—	气求充氢气

九、活动流程

时间	环节	内容	备注
9:30	准备就绪	现场布置完毕,人员到位	
9:30~10:00	客户签到	礼仪引领签到,休息区休息	播放PS广告音乐
10:00	弦乐四重奏	节目热场	
10:05	主持人	开场白介绍此次活动	
10:08	领导致辞	总经理讲话(可增加贵宾讲话)	发言稿
10:12	新车揭幕	总经理、贵宾揭幕	礼花,音乐
10:20	模特走秀	从车里走出,围绕新车走秀	音乐
10:20	新车介绍	销售顾问做2.0车型卖点介绍	模特配合
10:25	新车交付	首位购车用户钥匙交付仪式	气球、钥匙
10:32	客户感言	用户代表感言	赠奖品
10:35	回馈抽奖	互动游戏,抽号猜奖	音乐
10:42	上市仪式结束	主持人作上市仪式结束语,嘉宾自由取用香槟及西点	
10:50	小提琴演奏	销售顾问引导嘉宾赏车	
10:55	播放宣传片	嘉宾自由赏车	
11:30	准备就餐	上午活动结束	

十、活动预算

略。

第八章
汽车4S店公益活动策划

■ 第一节　汽车4S店公益活动认识

■ 第二节　公益活动策划

第一节 汽车4S店公益活动认识

知识001：什么是公益活动

公益活动是组织从长远着手，出人、出物或出钱赞助和支持某项社会公益事业的公共关系实务活动。公益活动是目前社会组织特别是一些经济效益比较好的企业，用来扩大影响、提高美誉度的重要手段。因此，汽车4S店可以采用公益活动形式来提高影响力。

知识002：公益活动类型

汽车4S店要做好公益活动，首先要了解公益活动的类型，如下图所示。

公益活动的类型

（一）赞助体育活动

体育活动拥有广泛的观众，往往也是新闻媒体报道的对象，对公众的吸引力比较大。因此，赞助体育活动，往往是社会组织公益活动的重要选择。常见的有赞助某一项体育运动、赞助某一次体育比赛和赞助体育设施的购置等多种方式。

（二）赞助文化活动

文化生活是社会生活的重要内容之一。组织进行文化生活方面的赞助，不仅可以促进文化事业的发展，丰富公众的生活内容，而且可以培养与公众的良好感情，大大提高组织的知名度。这类赞助方式，一是对文化活动的赞助，如对大型联欢晚会、文艺演出、电视节目的制作和电影的拍摄等赞助；二是对文化事业的赞助，如对科学与艺术研究、图书的出版和文化艺术团体等赞助。

（三）赞助教育事业

赞助教育事业，常见的赞助方式有四种，见下表。

常见的赞助方式

序号	方式	说明
1	赞助学校的基本建设	如图书馆、实验楼等的建设，或者为贫困地区建校办学、修缮校舍或场地
2	赞助学校专项经费	如专项科研基金和设立奖学金等
3	赞助教学用品	如设备、器材和图书资料等
4	赞助学术理论研究活动	

（四）赞助社会福利和慈善事业

赞助社会福利和慈善事业，是指组织通过出资参加社区市政建设，为各种需要社会照顾的人提供物质帮助和开展义务服务活动等措施。

常见的赞助社会福利和慈善事业形式有赞助养老院、福利院、康复中心、公园、少年宫，在一些地区或单位遭受灾难时提供资助，出资修建社区马路、天桥以及赞助残废人事业等。

知识003：公益活动的作用

汽车4S店开展公益活动，主要有以下四个方面的作用，具体如下图所示。

作用一　赢得良好声誉
组织开展公益活动，体现了助人为乐的高贵品质和关心公益事业、勇于承担社会责任，为社会无私奉献的精神风貌，能够给公众留下可以信任的美好印象，从而赢得公众的赞美和良好的声誉

作用二　融洽社会关系
组织开展公益活动，多数是对社区公益事业、福利和慈善事业的赞助，能够密切与社区有关公众的联系，融洽社会关系

作用三　扩大社会影响
组织开展公益活动，可以配合公共关系广告攻势，通过新闻媒介，扩大组织影响

作用四　增加经济效益
提高了汽车4S店的知名度和影响力，加深了与公众之间的感情，融洽了社会关系，会给公众留下深刻的印象，公众会从对组织的良好印象，联想到组织产品的良好形象，有利于组织经济效益的增加。如2008年汶川地震，王老吉捐出1亿元，其产品形象大大提升，所达到的效果比用1亿元所作广告达到的宣传效果更好

公益活动的作用

活动案例 ▶▶▶

东风悦达起亚××4S店手拉手爱心公益活动

您是东风悦达起亚车主吗？您家拥有K系列任一一款车型吗？我们计划于×月××日到××小学进行"手拉手"爱心公益活动，您愿意和我们一起奉献您的爱心吗？

作为有爱心的起亚车主，我相信您一定很愿意加入我们的爱心车友俱乐部，一同为孩子们带去我们的爱心关怀，爱心热线×××××××××，东风悦达起××4S店诚心期待您的加入。

让我们一起感受大爱无私那份荣耀，让我们的生活因此而更加美丽多彩。

活动主题：东风悦达起亚"手拉手"传递爱心之旅。

活动时间：×月××日（星期六）。

活动地点：××小学。
活动内容：
1. 小学献爱心活动。
2. 校园游戏互动。
3. 万安梅花湖。
出行方式：自驾。
召集车型：起亚K系列。
活动报名方式：
爱心热线：×××××××。

××汽车贸易有限公司
（摘自闽西汽车网：http://www.0597car.com）

 活动案例 ▶▶▶

一汽—大众××4S店——爱心送考 公益活动

"莘莘学子十年寒窗，功成名就只待今朝"，一年一度情系万家的高考又将开始了，为营造"绿色、畅通、和谐"的高考人文交通环境。一汽大众××4S店本着"回报社会、奉献爱心"的服务宗旨，拟将组建"爱心送考车队"，并积极筹备、组织这次"献爱心免费送考"活动。对参加××××年高考的广大考生给予无偿、免费接送服务。本次活动旨在进一步弘扬志愿服务和爱心奉献精神，增强社会凝聚力，积极履行交通运输行业的社会责任。

（摘自太平洋汽车网：http://price.pcauto.com.cn）

 活动案例 ▶▶▶

××4S店走进山区大型公益活动开始啦

爱——永远不会迟到；爱——永远不会嫌少。

××地处偏远山区，人居环境差，贫困人口多，大部分人家经济拮据，学校的教学条件非常艰苦，孩子们坐的桌椅是祖辈们一代一代传下来的，教室到了下雨天天花板四处漏水，上体育课只有小石子作伴，上其他课也没有教学用具可言，但这一切很少受到外界人士的关注……

××4S店将举办一场"为爱护航"大型公益活动。

本活动预计参与人数约300人，活动经费10万元，用于资助12名贫困学生、设立奖学金和改善教学环境。

现学校急需物资：办公桌7张、教室门7副、教学圆规3套、三角尺3套、直尺3把、小黑板6套、排球4个、篮球4个、跳绳20条、羽毛球拍4套、乒乓球拍5套、收集旧图书500本、小学课外读物200本、学前班教育用品1批、电脑3台。

活动时间：××月××日。

活动地点：××市××小学。

招募对象：××汽车新、老车主及社会各界爱心人士。

活动形式如下。

1.实物支援。若您家里有8～12岁孩子可以穿的衣服的话（文具等也可），欢迎邮寄到我公司。我们会把您的爱心带到××山区，献给那里的小天使们。

邮寄地址：略。

2.资金支援。若您希望通过捐赠善款来奉献爱心的话，不妨将您的爱心转到我们的爱心大使账号中。我们保证所有善款将百分百用作支援山区贫困孩童。

活动募捐指定联系人：略。

活动募捐指定公共账号（请在转账时备注您的姓名）：略。

3.人员支援。您也可以跟随我们一起走进山区，将爱心播撒向那里的每一寸土地。怀揣爱心的我们——我们都一样。

我们承诺，此次活动善款及物资，将专款专用，所有费用支出明细将公布，反馈给爱心人士。

暑假到了，我们的孩子，在迪士尼、在舞蹈室、在补习课、在环游中国……

而××的孩子们在做什么？？？我们只是希望，这些孩子们的暑假能有更多的书籍，能穿上漂亮的衣服，能用上新的铅笔完成假期作业，能够在下个学期，有个良好的学习环境！祝好人一生平安。

（摘自汽车之家网：http://dealer.autohome.com.cn）

第二节　公益活动策划

汽车4S店要使开展的公益活动取得成功，必须认真地做好策划工作，具体步骤如下图所示。

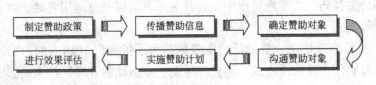

公益活动策划

策划001：制定赞助政策

根据汽车4S店的现状、目标、政策和经济能力，决定年度公益活动赞助金额，制定切实可行的赞助政策。

策划002：传播赞助信息

公共关系人员应该把汽车4S店的赞助政策，通过适当的传播渠道和传播方式，传递给可能向本汽车4S店提出赞助要求的单位。

策划003：确定赞助对象

（1）掌握赞助对象情况　包括赞助对象业务内容、社会信誉、公众关系、面临问题等，以便有选择地进行赞助。

（2）了解赞助项目情况　包括项目提出的背景，对公众的影响力，花费的财力、人力与物力情况，以及操作实施过程中可能出现的困难和问题等。

（3）进行成本效益分析　即对赞助成本（汽车4S店付出的全部财力、人力、物力）与综合效益（赞助活动可能获得的经济效益与社会效益）进行分析比较。

（4）认真确定赞助对象　汽车4S店的赞助活动应纳入科学管理的轨道，即以汽车4S店的公共关系目标、面对的社会环境为出发点，按照有利于汽车4S店综合效益提高的原则，充分考虑多方面利益，协调平衡，确定赞助对象，防止盲目赞助或因个人主观感情色彩而影响赞助。

策划004：沟通赞助对象

已经批准确定的赞助对象，要及时通知对方，做好实施准备。对不能满足或者不能全部满足赞助要求的对象，应该坦率相告，诚恳解释原因，争取互相理解。

策划005：实施赞助计划

汽车4S店应安排专门公共关系人员或汽车4S店专门工作班子，负责赞助活动的具体实施。

（1）负责分工落实　对整个赞助活动中的各个项目或环节，应分派具体人负责落实，各负其责，密切配合。

（2）运用公关技巧　在实施过程中，公共关系人员应充分运用各种公共关系技巧与方法，以求最佳效果。

（3）扩大汽车4S店影响　赞助活动本身就是为了扩大汽车4S店的影响，因此在赞助活动中，应尽量利用多种传播方式、途径，帮助主要活动的开展，扩大其影响。如利用大众传播媒介广泛宣传报道，利用广告传播烘托气氛，强化效果。

策划006：进行效果评估

赞助活动完成后，应进行效果评估，要总结经验，吸取教训，应注意以下几个方面。

① 评估公众评价与反响。
② 评估赞助计划完成情况。
③ 制作赞助活动的声像资料。
④ 写赞助活动总结。
⑤ 做好新闻报道剪报资料的存档工作。

【范本】××汽车4S店车辆拍卖公益活动方案

××汽车4S店车辆拍卖公益活动方案

一、活动目的

树立品牌的社会形象；扩大品牌知名度，提高品牌竞争力；在经济型轿车市场占有率萎缩的情况下，提高品牌竞争力及市场占有率，打压市场竞争对手；树立良好的社会口碑，促进潜在客户的开发与老客户的维系。

二、市场目的

1. 活动实现集客目标×××人、集客信息留存×××人，实现A卡目标×××人，活动预计提高成交目标××辆。

2. 活动六、七月份持续效果，预计提高集客20%以上。

3. 活动力争将本区域六、七月份市场占有率提升3%，同时扩大"××"产品的知名度。

三、活动内容及形式

1. 内容

××汽车4S店将旗下所经营产品——××轿车（1台）进行现场拍卖，将所得车款全部捐赠给地震灾区。

2. 形式

前期采用网络、电话、到店报名，后期则为现场竞拍。

四、拍卖车型信息

品牌	车型	规格型号	市场价	起拍价	竞价

五、活动总预算

略。

六、前期推广

略。

七、准备阶段

（一）文字资料

1. 前期推广：活动信息、公关软文（此次活动倡议书）、竞拍客户信息统计（网络、店内）。

2. 活动现场：主持及串词、领导致辞、竞拍条款。

3. 后期报道：公关软文（现场报道、活动总结）。

（二）会场布置

名称	摆放地点	数量	规格	预计费用
背板	主展台背景	1	喷绘4米×12米	
签到台+背景墙	正门入口	1	喷绘2米×3米	
条幅	展厅二楼围栏+大厅正门、侧门+拱门	4	红布白字	
拱门	公司入口	1		
音响设备	展台外侧	1	套	
竞拍区椅	会场中央	50	把	

续表

名称	摆放地点	数量	规格	预计费用
募捐箱	会场入口	1	透明	
支票牌	捐赠活动过程中	2	块	
工作人员、来宾	爱心胸贴+区位座椅贴	100+60	个	
来宾签到簿	签到台	3	个	
竞拍流程展架	竞拍展台两侧	1	个	
竞拍序号卡	竞拍者手持	50	个	
现场餐饮	现场瓶装饮用水（小瓶）6箱；与会领导及新闻媒体记者午餐预计3桌			
现场宣传片及音乐	活动现场首先播放灾区影像图片，循环播放爱心歌曲，播放拍卖车型信息，播放本次活动的参与人员及公关单位			

八、基本流程

环节	时段	历时/分钟	说明
接待	9:00～10:00	60	领导、媒体记者及客户接待及签到，办理竞拍手续
开幕式	10:00～10:30	30	主持人开幕致辞并播放背景音乐及灾区图片，厂家及公司领导讲话
拍卖车型介绍	10:30～10:35	5	图片结合影像资料
竞拍阶段	10:35～11:00	25	每次1000元竞价，并由竞拍获得者讲话
现场捐款	11:00～11:30	30	有主持人发动倡议，与会全体共献爱心
车款捐赠仪式	11:30～11:40	10	由公司领导与竞拍获得者，共同捐赠给红十字会
现场捐款捐赠仪式	11:40～12:00	20	由主持人和媒体代表，将现场捐款捐献给红十字会
午餐	12:00		参与活动客户在公司食堂用午餐（工作餐）

九、具体环节

（一）接待环节

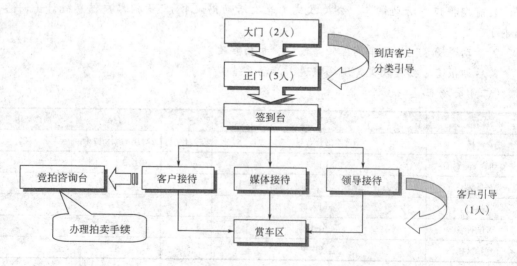

（二）竞拍环节

```
                    ┌─────────────┐
                    │  竞拍登记   │
                    └─────────────┘
            缴纳竞买保证金 │ 身份证/营业执照复印件
                    ┌─────────────┐
                    │ 办理竞买手续 │
                    └─────────────┘
              领取竞买号牌 │ 填写竞买登记表
                    ┌─────────────┐
                    │ 凭竞买号牌入座 │
                    └─────────────┘
                          │
   签署成交确定书，  ┌─────────────┐
   交回竞买号牌     │ 参与拍卖、举牌竞价 │
                    └─────────────┘
                    ┌────┴────┐
                 ┌──┴──┐   ┌──┴──┐
                 │ 成交 │   │未成交│
                 └──┬──┘   └──┬──┘
                    │         │
          ┌─────────────┐  ┌─────────────┐
          │付成交款、签合同│  │取回竞买保证金│
          └─────────────┘  └─────────────┘
                              凭保证金收据及
                              竞买号牌
```

 【范本】××汽车4S店"捐资助学"公益活动方案

××汽车4S店"捐资助学"公益活动方案

一、活动主题

共同成长××见证。

二、活动招募时间

略。

三、活动招募地点

××汽车4S店展厅内。

四、活动举办时间

略。

五、活动举办地点

略。

六、活动内容

购买××款向"希望工程"献爱心"1+1助学"活动。

七、活动主办

××汽车销售有限公司、××青少年儿童基金会。

八、活动参与媒体

××电视台、××交通台、××广播、××网、××报等。

九、活动目的

树立品牌的社会形象，扩大产品知名度及美誉度，树立用户群体的良好社会口碑，弘扬互助友爱的精神。

十、活动详情及形式

1. 详情：在活动期间购买××款客户相当于向"希望工程"捐助1名小学生3年的学费。爱心车主及××4S店通过××儿童少年基金会及当地妇联，将钱款捐给受捐学校。
2. 形式：××4S店内招募。

十一、活动方案

（一）前期推广招募

1. 平面媒体：通过报纸广告宣传活动信息网络，网站活动信息宣传（详情到店咨询）。
2. 店面宣传：通过店头宣传物向到店客户宣传此次活动的信息。
3. 短信群发：通过短信平台向××潜在客户宣传活动的信息。

（二）准备阶段

文字资料、图片资料需要当地妇联和受捐助学校提供，用于本次活动的宣传。

十二、活动基本流程

1. 参与活动的爱心车主在指定地点规定时间集合，向爱心车主讲解活动行程安排及注意事项。
2. 对爱心车队进行编号，并清点人数及捐赠物品，驾车前往目的地。
3. 活动现场"一对一"捐助仪式。
4. 受捐助同学代表发言。
5. 爱心车主代表感言。
6. ××汽车4S店领导讲话。
7. ××青少年儿童基金会领导感言。
8. 爱心车主自由活动（参观学校或到受捐助同学家访）。
9. 在规定时间、指定地点集合车队，返回。

【范本】××汽车4S店爱心公益营销活动及车友近郊游玩执行方案

××汽车4S店爱心公益营销活动及车友近郊游玩执行方案

一、活动背景

略。

二、活动目的

通过爱心公益捐赠活动，提升××汽车品牌形象的同时为客户提供一次参与公益活动的机会。利用城市近郊游玩活动，为客户带来愉悦的驾驶体验，彰显××品牌汽车的优质性能，提高××汽车的市场影响力和品牌口碑。

三、活动内容

（一）爱心捐助

捐赠对象：待实地考察后确定。

活动人数：20台车左右（每车4人）。

活动形式如下。

邀请15~20名××汽车俱乐部会员（家有儿女且年龄在4~8岁），及部分意向车主（以家庭为单位），老车主开车携带新车主,4人为一组，到店集合，发放活动统一物料。车队整装，形成统一的视觉效果，增强车队在行进中的视觉冲击力，邀请1~2家电视媒体跟拍。

抵达当地政府安排的统一捐赠场所举行捐赠仪式,对成绩优异的贫困学子给予特别鼓励,并选择数户当地贫困家庭上门探访捐款。

(二)自驾游玩

活动人数:30台车左右(每车4人)。

活动形式:安排××汽车俱乐部会员与意向客户同车共游,增加新老客户之间的沟通,实现用车感受的传递与交流,搭造口碑传播的最直接渠道。

四、前期筹备

景点(学校)排查:排查城市周边贫困学校,并与该学校负责人联系,了解学校基本信息、学校到城市的距离与实践;排查学校附近可进行游玩的地区,在捐赠活动结束后携带新老车主在附近的景点地区进行游玩。

线路排查(踩点):在确认捐赠学校及旅游景点的前提下,安排工作人员进行实地考察,以保证路线的准确与行程的安全——踩点时间可按城市不同情况进行调整。

选手招募(客户邀请):向新老车主介绍活动形式,邀请新老车主参与本次活动。

五、自驾路线

略。

六、活动预算

略。